Darcy Ribeiro, uma Utopia

Coleção Debates
Dirigida por J. Guinsburg
(*in memoriam*)

Equipe de Realização
Coordenação textual: Luiz Henrique Soares e Elen Durando
Edição de texto: Rita Durando
Revisão: Luiz Henrique Soares e Elen Durando
Produção: Ricardo W. Neves e Sergio Kon

dulci lima
márcio farias
ronaldo vitor da silva
(organização)

DARCY RIBEIRO, UMA UTOPIA

PERSPECTIVA

Copyright © Editora Perspectiva Ltda.

cip-Brasil. Catalogação na Publicação
Sindicato Nacional dos Editores de Livros, rj

D227

Darcy Ribeiro, uma utopia / organização Dulci Lima, Márcio Farias, Ronaldo Vitor da Silva. - 1. ed. - São Paulo : Perspectiva, 2024.
176 p. ; 21 cm. (Debates ; 353)

Inclui bibliografia
isbn 978-65-5505-203-9

1. Ribeiro, Darcy, 1922-1997. 2. Antropólogos - Brasil - Biografia. I. Lima, Dulci. II. Farias, Márcio. III. Silva, Ronaldo Vitor da. IV. Série.

24-94024 cdd: 301.092
         cdu: 929:(37.015:57)

Meri Gleice Rodrigues de Souza - Bibliotecária - crb-7/6439
05/09/2024   11/09/2024

1ª edição

Direitos reservados à

editora perspectiva ltda.

Praça Dom José Gaspar, 134, cj. 111
01047-912 São Paulo sp Brasil
Tel.: (11) 3885-8388
www.editoraperspectiva.com.br

2024

SUMÁRIO

Prefácio – *Dulci Lima, Márcio Farias
e Ronaldo Vitor da Silva* 9

1. O Brasil e os Brasis de Darcy Ribeiro: Modos de Herdar o Seu Pensamento – *Alexandre de Freitas Barbosa e Stelio Marras* . 15
2. Um Depoimento Sobre Darcy Ribeiro – *Isa Grinspum Ferraz* 31
3. Onze Anotações Sobre Darcy Ribeiro e Nossas Comarcas – *Eric Nepomuceno* 39
4. O Brasil Como Projeto: Darcy Ribeiro e o Nacional-Desenvolvimentismo – *Layza da Rocha Soares* 57
5. O Que o Brasil Pode Ser: Reforma e Revolução na Obra de Darcy Ribeiro – *Jones Manoel* 73

6. Darcy Ribeiro e Krenak: Diálogos Possíveis e Diferenças no Tempo Presente? –
Ailton Krenak 87

7. O Mestiço Que É Bom? Culturalismo Estrutural em Darcy Ribeiro –
Márcio Farias 103

8. Darcy-Educador e a Educação Para a Liberdade: Um Diálogo Crítico –
Geo Santana 131

Referências 161

Darcy Ribeiro, Biografia Sucinta 169

Sobre os Autores 173

PREFÁCIO

Dulci Lima, Márcio Farias e Ronaldo Vitor da Silva

A história do Brasil contemporâneo depende da trajetória de Darcy Ribeiro. Natural de Montes Claros, Minas Gerais, o antropólogo foi além de um trabalho intelectual restrito às cadeiras universitárias, livros ou viagens de campo; discutiu os rumos da educação, produziu obras literárias, militou politicamente, foi exilado, tornou-se deputado federal, criou instituições e espaços públicos de referência para a cultura brasileira, como é o caso do Sambódromo do Rio de Janeiro e da Universidade de Brasília.

Educador, político, antropólogo, festivo, socialista, etnólogo, sonhador e preocupado com o Brasil, Darcy foi homem de rico pensamento, mas também de ação. Viveu de diferentes formas, ou como ele mesmo escreveu: "usei muitas peles nessa vida já longa".

A busca pelo intelectual e pelo homem público são as dimensões que norteiam este livro. Isso porque o percurso de Darcy Ribeiro é parte de seu legado, a ponto de não encontrarmos separações entre aquilo que ele fez ou almejou fazer e aquilo que foi interpretado, pensado e escrito em seus livros. Parte de sua potência encontra-se justamente na grandeza de ser um intelectual orgânico, daqueles como Mário de Andrade e Celso Furtado, que refletem as particularidades de seu momento histórico, ao mesmo tempo que constroem o presente e idealizam o futuro.

A preocupação com o futuro, aliás, nos faz questionar as reverberações de Darcy hoje. A partir de um antropólogo preocupado com as comunidades indígenas e de uma figura engajada na educação pública, cabe a nós inferir: quais são as heranças que Darcy Ribeiro nos deixou? Como seu legado se conecta com agendas contemporâneas, como a expansão universitária, o protagonismo indígena, os impasses latino-americanos e o gradativo esfacelamento do mito da democracia racial?

Mais do que cumprir uma função de exaltação, pensar as complexidades do presente e, à luz de Darcy Ribeiro, esboçar os dias vindouros também fazem parte de nossas missões com esse volume. Essa postura busca divulgar e ampliar o trabalho com os diferentes públicos, bem como dar respostas para os legados e possibilidades advindas do pensador mineiro: nunca esquecer do amanhã, sem jamais preterir de onde viemos e o que temos de potente hoje.

Uma prova desse compromisso aparece, por exemplo, numa entrevista que Darcy concedeu ao cineasta Glauber Rocha. Em dado momento, ele foi perguntado se se considerava o maior antropólogo do mundo; orgulhoso como era, Darcy não respondeu afirmativamente, muito menos de maneira negativa. Pelo contrário, elogiou os nomes que o antecederam, como Morgan, Lévi-Strauss e Engels, mas também cravou "eu penso no homem do futuro". Eis aqui a prova de sua utopia.

Portanto, este tomo busca retomar, reconhecer, atualizar

e questionar o legado de Darcy Ribeiro. A partir das interpretações de nomes que se dedicam a analisar os impasses do país (e da América Latina), o projeto discutirá as diversas faces, sempre à luz de questões urgentes de nosso tempo.

A ideia de organizá-lo surgiu a partir de dois eventos: 1. Das reflexões propostas na exposição "Utopia Brasileira: Darcy Ribeiro 100 Anos", com curadoria de Isa Grispum Ferraz e que esteve em cartaz no Sesc 24 de Maio, entre os meses de novembro de 2022 e junho 2023; 2. Do seminário Darcy Ribeiro: Pensamento e Ação, no Centro de Pesquisa e Formação do Sesc-SP, com curadoria de Márcio Farias, organização de Dulci Lima e participação dos intelectuais que compõem este livro.

Os textos são compostos pelas reflexões e transcrições das participações dos autores em atividades ligadas à exposição e em suas participações no seminário. Somaram-se a este projeto os professores Stellio Marras e Alexandre Barbosa.

Os convidados externos abrem os trabalhos com um capítulo em que situam as contribuições de Darcy Ribeiro para refletir sobre os desafios do Brasil contemporâneo. Assim sendo, Stellio Marras e Alexandre Barbosa provocam o leitor a pensar não somente nas permanências como também nas obsolescências da obra de Darcy.

Já a socióloga, cineasta e curadora Isa Grispum nos conduz a um relato de memória de quem conviveu e aprendeu com a figura singular que foi Darcy. Curadora da exposição "Utopia Brasileira: Darcy Ribeiro 100 Anos", sediada no Sesc 24 de Maio, é figura pública responsável por impedir que a chama do pensamento de Darcy se apague. Divulgadora entusiasmada, também dirigiu o já lendário documentário sobre o livro *O Povo Brasileiro*, de Darcy. Por isso, sua contribuição é de quem continua achando o Brasil possível de ser mudado e moldado para atender a demanda do povão, como dizia Darcy.

Ainda em tom memorial, uma vez que foram amigos, mas estendendo um pouco o alcance da obra, Eric

Nepomuceno nos lembra que foi Darcy quem escreveu o Brasil na América Latina, ao menos com força e veemência: "O mais latino-americano entre os intelectuais brasileiros."

Layza da Rocha Soares, por sua vez, apresenta um tema pouco estudado entre aqueles que se dedicam ao pensamento de Darcy: a questão da economia política. Como produto e produtor da história, Darcy é homem de seu tempo, e seu tempo foi o do desenvolvimento econômico que gerou o pensamento desenvolvimentista. A imbricação de sua obra com a de Celso Furtado, por exemplo, é uma importante chave para refletir os caminhos políticos desse estadista que se tornou Darcy. Por outro lado, Layza contemporiza e discute questões debatidas por Darcy à luz do neodesenvolvimentismo recente.

Numa operação quase que inversa, Jones Manoel fala do político Darcy para pensar a economia e a revolução. Os caminhos políticos de Darcy, para além dos movimentos conjunturais, segundo Jones, reflete algo singular e que faz falta nos tempos atuais: Darcy foi um intelectual de uma leitura muito bem assentada no projeto popular brasileiro, antinômico aos projetos dos países centrais e suas múltiplas facetas imperialistas.

Krenak, por sua vez, fala do diálogo possível, mas também das questões limites em torno da obra e do pensamento de Darcy. Se há uma noção, ainda que eticamente comprometida com a vida dos povos indígenas, há também um voluntarismo colonial em sua obra antropológica, mas que se ressignifica e se torna amplamente condizente com a emancipação dos povos indígenas em a *Utopia Selvagem*, ficção prosaica em que Darcy se livra dos ditames da ciência moderna e se aventura em um encontro mais humano, numa alteridade radical.

A discussão de mestiçagem na obra de Darcy é o tema do capítulo de Márcio Farias. Ambígua, a proposição de povo brasileiro lastreado pela mestiçagem de Darcy, segundo Farias, não dialoga mais com as demandas dos movimentos sociais negros e indígenas. Por outro lado, a crise social, política e econômica que o país vivencia tem exigido uma abordagem estrutural, totalizante, cara a Darcy e faltante à *intelligentsia* contemporânea.

Por fim, Geo Santana debate um tema central na vida e obra de Darcy: a educação. Se pela educação ele pensava a transformação social brasileira, sua fala como estadista, segundo Geo, precisa ser concatenada com as práticas educativas e essas com aquilo que pensa e fala o povão. Se uma educação libertadora precisa do diálogo, hoje autoras como bell hooks nos alertam que esse diálogo é mediado e matizado por novos dilemas, conflitos e demandas. Frente à intransigência dos poderosos, é preciso educar o povão para transgredir.

Boa leitura!

1. O BRASIL E OS BRASIS DE DARCY RIBEIRO: MODOS DE HERDAR O SEU PENSAMENTO

Alexandre de Freitas Barbosa e Stelio Marras

Herdar e Deserdar

Este texto é fruto da aventura interdisciplinar a que nos lançamos, dois professores de uma universidade pública brasileira, mais particularmente do IEB, o Instituto de Estudos Brasileiros da USP. Partimos em busca de Darcy Ribeiro, ele mesmo avesso a cantões disciplinares, atitude reforçada por sua atuação múltipla na vida brasileira por décadas. Quisemos livrá-lo do isolamento a que foi relegado por uma parcela expressiva da universidade brasileira e, ao mesmo tempo, entender as razões desse ostracismo. Mas tampouco nos eximimos de perguntar: até que ponto seu pensamento ainda se mostra pertinente?

Quando não? Nosso desafio: encontrar balizas para triar, herdar e deserdar Darcy a partir de constrangimentos sociais e ambientais de hoje.

Procuramos, junto com os integrantes do curso de pós-graduação do IEB[1] – cujo nome dá título a este capítulo –, travar conhecimento com esse espécime exuberante de nome sonoro, quase a prescindir do sobrenome, outrora tão próximo de nós, mas que com o tempo foi se tornando distante, um ilustre (des)conhecido. Muitos da nossa geração (re)conhecem a voz acelerada, a cabeleira entregue ao vento, os olhos extasiados. Os que vieram em seguida, como alguns de nossos alunos, flertaram com ele no ensino médio, espaço em que ficou confinado o seu "povo brasileiro". Ali Darcy talvez se sinta mais à vontade com os professores menos doutos e mais arrojados no afã de ensinar – e quem sabe a garotada se preste a acalentar invenções para o Brasil que há de vir. Mas nem por isso nos desincumbiríamos da tarefa de triagem, o que passa ao largo do simples chancelar ou cancelar um tal autor.

Como seja, fomos nos dando conta de um retumbante descompasso: se a universidade esquecia Darcy, o mesmo não acontecia com a sociedade. No ano de 2023, por exemplo, na votação do famigerado Marco Legal relativo aos direitos territoriais indígenas, dois ministros da suprema corte constitucional brasileira mencionaram largamente em seus votos o autor de *Diários Índios*. E o fizeram para fins contrários! E se o ensino superior costuma lhe dar as costas, o mesmo não ocorre no ensino médio, onde *O Povo Brasileiro* é vastamente ministrado, conforme depoimento de alguns de nossos alunos. Eis aí, para nós, exemplos contundentes de que não era mais opção responsável abandonar

---

1 O curso foi ministrado no segundo semestre de 2022 e, novamente, no segundo semestre de 2023, contendo as duas turmas um total de cerca de quarenta integrantes entusiasmados com o universo darcyano. As ricas discussões em sala reverberaram para o presente ensaio, tornando todos os presentes, em alguma medida, coautores deste texto, ainda que cada um tenha herdado e deserdado Darcy à sua maneira.

o exame crítico sobre um pensador com tamanha penetração no seu tempo, mas também hoje nas instâncias onde resiste iracundo e arrinconado. Essa empreitada exigiu o detido trabalho de enfrentar o pensamento desigual desse autor – aqui reconhecendo sua continuada validez, ali apontando o que, a nosso ver, deve mesmo ser objeto de deserção. Só vale tal empreendimento porque valioso é o pensador em questão – seja para o Brasil e os brasis de ontem, para os que estão aí, para os que hão de vir. Virá o Brasil, virão os brasis? – Darcy *viu*[2]. Mas talvez – e é importante que assim seja – os brasis se apresentem com outras vestes, libertos de algumas das categorias antevistas por ele. Ou pode ser também que elas apareçam ressignificadas e estrategicamente acionadas. E então, como fazemos? Para saber quais Darcys herdamos, é preciso conhecê-lo nas suas várias encarnações, incluindo as constantes fricções entre si.

Qual Darcy figurar se tantos foi? Era de seu feitio mudar de pele como as cobras. São várias. O filho de dona Fininha, professora do ensino primário. O etnólogo e o indigenista. O educador, criador e reformador de universidades. O homem público que fez política com paixão. O cientista social dedicado aos estudos de antropologia da civilização. O romancista. O profeta do Brasil, embevecido, talvez, de um profuso profetismo tupi. Cientista e feiticeiro, deu azo à mitologia nas quadras da história. Haverá um elo a soldar tantas peles? Com o tempo, não teria ficado incoerente, inacessível, impuro? Ao desempenhar tantos papéis, não teria "se dispersado demais, perdendo consistência biográfica"?[3] – eis o que ele mesmo temia.

Se em Darcy tudo é apaixonado, provocando reações de idolatria ou desprezo, não podemos cogitar que, neste

---

2 Assim como em Caetano Veloso na música "Um Índio", de 1977, o "virá que eu vi" parece remeter a uma utopia, pois "aquilo que se revelará aos povos surpreenderá a todos não por ser exótico, mas pelo fato de poder ter sempre estado oculto, quando terá sido o óbvio".

3 D. Ribeiro, *O Brasil Como Problema*, p. 303-311.

caso, a personalidade ofusca a obra? Talvez não fosse o caso de desconfiar de Darcy como condição para levá-lo a sério? Exumá-lo e retirá-lo do museu que ele construiu para si mesmo? Por aí trilhamos na exegese dos seus escritos, das suas tensões e impasses. Não seria a melhor forma de bem herdá-lo? Afinal, tantos e vários são os brasis, incluindo os imprevistos nossos contemporâneos que talvez surpreendessem Darcy.

Darcy Sai à Procura do Brasil – E Vice-Versa

Em qual Brasil apostar? Qual disputar? A procura do Brasil, perseguida pelo autor de *Uirá Sai à Procura de Deus*, não poderia sufocar os brasis? Seria possível uma unidade que não reduza os brasis ao, digamos, brasileiro genérico, cuja identidade, como no Registro Geral, é tão atada ao Estado? Mas parece-nos injusto dizer que Darcy saiu à procura do Brasil sem que, no mesmo passo, também procurasse os brasis. E agora vamos nós em seu encalço.

Estamos convencidos de que herdar Darcy é rastrear, em sua obra, a postulação de um Brasil uno e de um Brasil diverso – com todas as consequências advindas dessa duplicidade. Quando a devida unificação das diferenças sob a clave do Estado, quando a devida multiplicação sob a da nação, ou melhor, do povo-nação? Difícil equação a que se devotou nosso autor, feita de equívocos e acertos, de ideias que resistem e de outras que sucumbem. Mas feita, sobretudo, da coragem de quem escolhe encarar o que, não raramente, aparece como contradição e se esquiva a sínteses fáceis e rápidas.

Nada confortável, de fato, trilhar uma direção formada por sentidos tradicionalmente opostos. Em um momento, ele se lança a uma antropologia da civilização. Noutro, a uma antropologia dos oprimidos pela civilização. Como costurar o tecido social considerando o *patchwork* da cultura?

Como pensar políticas de Estado para sociedades fundamentalmente definidas contra o Estado?[4]

Darcy saiu à procura do Brasil ao longo de sua obra. Agora é preciso que o Brasil saia à procura de Darcy, renovando-o, filtrando suas premissas, submetendo-o a novas provações, honrando seu espírito que sempre se levantou indignado em relação ao "processo de degradação do caráter do homem brasileiro da classe dominante", posto que "enfermo de desigualdade"[5]. Bem o merece Darcy Ribeiro, esse herói cultural de feição mitológica, tal a sua ânsia por fabular um Brasil sadio feito de brasis sadios, esse intelectual sempre militante, esse filho bastardo de elites, esse inquieto e jamais satisfeito homem público. Ele pode nos inspirar, e às gerações futuras, a enfrentar toda inércia e todo quietismo que naturalizam a crônica enfermidade brasileira.

Claro está que não é banal ou evidente herdar Darcy. Usualmente, quem escreve sobre ele toma partido do Darcy que mais lhe apetece. Vejamos dois exemplos antípodas:

Helena Bomeny traça um perfil do intelectual, destacando o inusitado da sua trajetória, para, enfim, concentrar a sua análise no educador, "último expoente da Escola Nova", terreno em que a autora se sente mais em casa. Qualifica-o como "indisciplinado", não no sentido vulgar, mas para demarcar o seu difícil enquadramento como cientista social num momento em que essa ciência se institucionaliza, nos anos 1940 e 1950, mesmo tendo encontrado na Escola Livre de Sociologia e Política, conforme a autora, "um dos seus postos mais seguros de estabilização"[6].

Podemos destacar os feitos notáveis de Darcy – tanto em suas incursões etnográficas como nos estudos elaborados para a Unesco. Ou ainda na criação do Museu do Índio. O mesmo em relação ao primeiro curso de pós-graduação

4 Ver Pierre Clastres, *A Sociedade Contra o Estado*.

5 *O Povo Brasileiro*, p. 216-217.

6 H. Bomeny, *Darcy Ribeiro: Sociologia de um Indisciplinado*, p. 26-27, 61-64.

em antropologia nessa mesma instituição, além de se tornar professor de etnologia brasileira e tupi-guarani na Universidade do Brasil – até se desligar da academia em sua busca avassaladora do então incontroverso desenvolvimento nacional, ou seja, do Brasil.

Bomeny, no nosso entender, fornece uma chave preciosa de leitura quando percebe, em Darcy, "a noção da centralidade de si como personagem-sujeito da história brasileira", o que explicaria a sua sedução pelas "saídas missionárias e salvacionistas"[7]. Ora, o próprio Darcy dirá em suas *Confissões*, já rumo ao outro mundo: "um missionário, um pensador, um pregador. Isso sou". E completa: "quisera mesmo é mudar o jeito de pensar das pessoas, cavalgar milhões delas e dirigi-las a seu gosto e pesar, para a felicidade e a glória"[8]. Portanto, indisciplinado e salvacionista? Devagar com o andor, pois o santo é de barro. Não pespeguemos em Darcy adjetivos de forma precipitada, antes de percorrer o universo darcyano, que comporta inclusive os contrários. Não vamos nos assustar com as contradições. Deixemos isso para puristas e fundamentalistas do pensamento.

Na contramão de certo olhar situado na academia, Gilberto Felisberto Vasconcellos exalta o intelectual "insubmisso", além de "vário, múltiplo, multifacetado, poliédrico", um tipo raro num país em que "a dependência é desejada pela academia universitária"[9]. De quebra, para o autor, boa parte da intelectualidade brasileira – Caio Prado Jr., Celso Furtado, Florestan Fernandes e Fernando Henrique Cardoso – com a qual Darcy dialogou e interagiu, dela se nutrindo, se encaixa na alcunha de "dualista". Mas herdar dessa maneira ressentida o "iracundo" Darcy não contribuiria para afastá-lo ainda mais da academia? A quem interessa um Darcy puro, lutando solitariamente

7 Idem, p. 24-25.
8 D. Ribeiro, *Confissões*, p. 521.
9 G.F. Vasconcellos, *Darcy Ribeiro: A Razão Iracunda*, p. 11, 43-44, 57-58, 64.

contra o sistema e buscando revoluções impossíveis e gozos inalcançáveis?

Os dois exemplos acima revelam o risco de escolher aquele Darcy que mais nos interessa, desbastando-o da matéria do mundo que o impregnava. É possível um Darcy multifacetado (e contraditório) em suas muitas peles e com menos plumas? Um esforço nesse sentido, empreendido por pesquisadores de outra geração, pode ser encontrado na obra recente de Andrés Kozel e Fabrício Pereira da Silva[10]. Os autores utilizam o conceito de "bricolagem em movimento" para fisgar a obra do mestre. Para além de uma "essência autoral", não haveria uma "unidade problemática de propósitos", que avança por meio de "deslizamentos", apesar e por conta da alteração do "regime de historicidade", como no Golpe de 1964 e na queda de Allende, em 1973? Não haveria uma "microrrevolução semântica" que a faz prosseguir, apesar dos "assincronismos inquietantes"[11]?

Modo de herdar o que não se deixa compactar? Sim, estamos de acordo. Isso fica patente quando analisamos *O Povo Brasileiro*, o último livro da hexalogia a que se referem os autores, caso ele possa ser integrado aos cinco livros da sua antropologia da civilização. Sai o registro da revolução, das forças insurgentes, do ímpeto classificatório da sua maneira marxista de pensar, e entram o povo-massa e o povo-nação, "um povo em ser, impedido de sê-lo", mas se "construindo na luta para florescer amanhã como uma nova civilização, mestiça e tropical, orgulhosa de si mesma"[12]. Mas, calma, Darcy! Deste mais um salto, e precisamos de tempo e argúcia para percorrer as suas tantas figurações para sabermos devidamente herdá-las e deserdá-las.

Importante registrar a potência de seu projeto-interpretação-utopia em constante transformação, legada aos jovens da universidade pública brasileira e dos múltiplos

10 Ver A. Kozel; F.P. da Silva, Estudo Preliminar, *Os Futuros de Darcy Ribeiro*.
11 Ibidem, p. 9-12, 17-19.
12 *O Povo Brasileiro*, p. 447-449.

e diversos movimentos sociais. Em seu livro *A Universidade Necessária*, publicado em 1969, ao realizar uma compilação de escritos sobre os padrões fundamentais de estruturas do ensino superior em vários países e a situação da universidade latino-americana, seu objetivo foi oferecer um novo projeto de reforma da universidade, utópico e viável, tal como implantado na UNB e em outros países da região. Ele tinha plena clareza do desafio diante de si, bem como da sua urgência.

É imperativo, nos diz Darcy, "transfigurar a universidade, sua trincheira, e a sociedade, sua causa". Mas a tarefa não é simples: como fazer para transformar a universidade sem antes contar com um processo de "transformação prévia e revolucionária da sociedade"? Não seria o caso de a universidade, invertendo a sequência "natural" dos fatos, servir de alavanca do processo, exercendo seu papel antecipatório? Na prática, ele está imbuído da consciência de que a universidade é "a última instituição oficial onde o povo e a nação podem propor-se um projeto de desenvolvimento autônomo"[13]. Mesmo percebendo que o processo histórico avança por outros caminhos não antevistos, ele não joga a toalha.

Muitos dos vícios da nossa universidade pública, hoje magnificados aqui e ali, foram descortinados por Darcy nessa obra, assim como as falácias contidas nas falsas opções entre humanismo e pragmatismo, cientificismo e profissionalismo, elitismo e massificação. Algumas personagens com as quais convivemos aparecem transformadas em tipos sociais característicos da universidade elitista e dependente, especialmente no caso de professores que ostentam suas "pequenas façanhas", "vangloriando-se da sua vinculação e dependência em relação a centros universitários estrangeiros – dos quais constituem meros apêndices"[14]. Lá estão eles com seus Lattes, pontuações e

13 *A Universidade Necessária*, p. 6-7, 22, 30-31.
14 Ibidem, p. 29-30.

debates cifrados em revistas acadêmicas de qualificação A1, em que o Brasil, quando dá o ar da sua graça, é sob a forma de *case* para consumo externo. Por outro lado, se o processo histórico e a universidade ultrapassaram o projeto-interpretação-utopia de Darcy, o que dizer da nova universidade pública que emerge nos anos 2000? Estamos nos referindo aos estudantes provenientes dos segmentos populares, diversos em termos de gênero, raça/cor/etnia e origem social, interiorizando-se nos novos *campi* pelo Brasil afora e gerando novas combustões criativas entre professores e alunos: cada vez mais dispostos a uma maior interação com a sociedade, sequiosa de protagonismo e de novas propostas de transformação.

Darcy, você precisa fazer parte dessa nova universidade, atuando no âmago das suas contradições e forjando novas utopias! Estávamos à sua espera. Seja bem-vindo de volta.

O Antropoceno e Outras Cenas

Darcy pensa e escreve antes da notável expansão de movimentos sociais e de sua luta por políticas afirmativas as mais variadas – voltadas para a discriminação positiva, reparações históricas e igualação das oportunidades de acesso aos bens e serviços coletivos, como antes ainda das emergências climáticas e ecológicas, que hoje respondem pelo nome de Antropoceno, essa era geossocial, cujas mudanças no clima e no ambiente guardam claro caráter antropogênico. E antes também, claro, da insurgência de forças políticas de extrema direita desde a segunda década deste século XXI. Essas forças, aliás, em grande medida se explicam como reação às referidas cenas contemporâneas de avanços sociais, bem como reação aos limites ambientais e ecológicos da atualidade, que inspiram desacelerações na marcha até então timidamente contestada do crescimento, desenvolvimento e progresso.

Para outro mundo, outras utopias pedem passagem. Para outro regime climático, também outras devem ser as fabulações políticas[15].

Claro está que, desde os últimos escritos de Darcy, tais novidades, no geral imprevistas em seu pensamento, tomaram a cena. Não seria justo exigir, senão incorrendo em anacronia, que Darcy oferecesse respostas aos constrangimentos socioambientais e políticos da atualidade, ao que não estava colocado à sua época, ou não nesses termos e com essa força. Os pensamentos têm seus mundos, suas ecologias práticas e intelectuais – e vice-versa. Eis por que, para nós hoje, não deve ser opção negar tais constrangimentos na tarefa de bem herdar e deserdar legados intelectuais, como o de Darcy Ribeiro. Tal negação seria desonrar o autor em exame e o *éthos* crítico e científico que deve nos orientar. Pela lente dos "modos de herdar", podemos recusar tanto a defenestração como a adesão absolutas ao que é herdado.

A título de ilustração, as noções de "transfiguração étnica", "aculturação", "deculturação" e "assimilação", com as quais Darcy operou o seu pensamento, tornaram-se teoricamente obsoletas e etnograficamente indetectáveis. E isso já enquanto Darcy vivia, demonstrando assim que o nosso autor, multifacetado, não acompanhou – ou preferiu não fazê-lo – os novos desdobramentos na antropologia. Parece claro que esse seu descompasso ou distanciamento em relação à produção antropológica e etnológica foi decisivo para o seu esquecimento junto à inteligência acadêmica.

Ainda sob as pressões de hoje (mas estas pouco visíveis à época de Darcy, reitere-se), noções de progresso e desenvolvimento econômico não se deixam mais passar como evidentes, naturalizadas, refratárias à crítica. Por assim dizer, agora a ecologia afronta centralmente a economia. Por isso, é nossa obrigação apontar em Darcy o

15 Ver B. Latour, *Diante de Gaia*.

que, sobretudo atualmente, aparece como insuficiência na sua aplicação de matrizes teóricas de verve evolucionista e marxista. Insistimos que, assim fazendo, buscamos livrar Darcy de um "certo Darcy", tão enraizado nos estilos de pensamento do seu tempo.

Feitas essas filtragens, nosso autor ainda para de pé? Não temos dúvida de que sim. É essa a aposta e a descoberta de nosso curso em seu exame rigoroso de um pensador e um pensamento que, devidamente constrangidos, podem em boa medida permanecer como norte ético, científico e político para o Brasil e a América Latina. Sim, é possível falar hoje com Darcy sobre a obrigação (ética, política, científica) de se reunir as lutas de gente e de mundo neste momento em que campeiam as mais variadas imaginações de fim do mundo. É possível se nutrir da sua compreensão do país, como implante do capitalismo e como processo civilizatório específico, engendrando uma formação econômico-social peculiar que age como um "moinho de gastar gente" (nessa sua expressão certamente inspirada em Anchieta) e, dizemos nós, como um moinho de gastar mundo. Reunir as duas lutas é o início a partir do qual, a nosso ver, é possível seguir o legado de Darcy hoje!

Formação e Sentido:
Estado Com Nação, Brasil Com Brasis

Adentrar o livro *O Povo Brasileiro* requer uma atenção especial para o subtítulo *Formação e Sentido do Brasil*, ou dos brasis, conforme a nossa perspectiva, nossa escavação nas camadas do pensamento de Darcy. Isso porque existe uma fusão entre "formação" e "sentido", mas também uma tensão não resolvida e sempre reposta ao longo da obra. O sentido encontra-se lá atrás, na formação colonial-escravista, e se projeta para adiante, num futuro próximo ou a perder de vista – território e imaginação onde se localizam a utopia darcyana. O povo-massa acena para o povo-nação, historicamente constrangido pelas "classes dominantes de caráter consular-gerencial"[16].

Pretende Darcy que o "povo-massa", formado por várias matrizes étnicas, apareça assim desde sempre, como dotado de uma unidade que plasma o seu sentido e a desembocar no "destino nacional". Para ele, a diversidade está presente na formação e se manifesta inclusive nas várias áreas socioculturais do Brasil, conforme a terceira parte do livro – "Brasil Crioulo, Caboclo, Sertanejo, Caipira e os Brasis Sulinos" –, sempre com o Brasil em letras maiúsculas, e distintamente, aliás, do modo como herdamos nosso autor, já que apostamos explorar a diferença entre *Brasil* e *brasis* como chave para mapear e reorganizar o seu pensamento. Ocorre que para o autor do Brasil e dos brasis, essa diversidade precisa levar a uma "unidade étnica básica", uma "macroetnia nacional", enfim, à "uniformidade cultural brasileira", apesar das "infranqueáveis" e "traumáticas" distâncias sociais, de classe e de *status*, ancoradas nas diferentes regiões[17].

Será mesmo que "precisa"? Ora, em Darcy tudo remete ao "destino nacional", já prefigurado no povo, fruto de um "mero conglomerado de gentes multiétnicas", mas "condenado" a inventar uma nova "etnicidade englobadora", capaz de superar a "identidade despojada" no processo de "destribalização forçada dos índios", "desafricanização do negro escravizado" e "deseuropeização do imigrante europeu branco e pobre". Contudo, que haja uma reindigenização e uma reafricanização voltadas para futuros ancestrais, como para afros-futurismos no Brasil, este é um fenômeno que decerto apanharia Darcy de surpresa. Por provável, tal surpresa o deixaria extasiado.

Em todo caso, essa massa humana que perdera a sua "cara" vai, na pena de Darcy, se reinventando, movimentando-se etnicamente, de modo a engendrar o povo brasileiro,

16 *O Povo Brasileiro*, p. 179.
17 Ibidem, p. 21-24, 179, 442-444.

unidade que, por provisória e estratégica que seja, serviria de sustentáculo à utopia de nosso autor. Com um pé na obra de Darcy e outro na contemporaneidade, perguntamos: é possível trazer de volta os brasis para o centro da cena, desarrumando o esquema interpretativo darcyano? Acreditamos que sim.

Antes, porém, precisamos avançar na arqueologia dessa obra. Trata-se de livro apressado, de quem foi em busca do Brasil, partindo dos brasis, e está agora, perto de findar a vida, deixando o palco em que contracenou com as várias gentes e os vários segmentos de classe e das elites, movido pelo afã de alterar os rumos da nação, atuando a partir do Estado. O prefácio é elucidativo, quando ele nos diz: "se você o tem aqui [o livro] é porque venci", concluindo assim o "desafio maior a que me propus". Será mesmo? Quer nos parecer que o caráter inconcluso do livro é a sua maior riqueza.

Darcy relata ainda no prefácio as suas várias tentativas de escrevê-lo, começando pelo material coletado durante os anos 1950 no Centro Brasileiro de Pesquisas Educacionais – CBPE, quando organizou um programa de pesquisas socioantropológicas em várias regiões do país[18]. Depois vem a primeira versão, escrita no exílio do Uruguai, que não o satisfez, por dizer muito pouco "que não tivesse sido dito antes", e por exigir uma "teoria da história". Ele então arregaça as mangas e se envolve com os seus cinco livros de antropologia da civilização – sendo o último deles inicialmente intitulado *Teoria do Brasil* e, depois, *Os Brasileiros*, quando trata de sintetizar "os corpos teóricos" da série "num exercício puramente didático". Não se dando novamente por satisfeito, ele volta à carga no Peru, e ao seu trabalho de Sísifo, até pô-lo de lado. Quase vinte anos depois, ele "conclui" o livro, pouco lido nas nossas universidades e tão utilizado no ensino médio.

18 Ibidem, p. 11-17.

O Povo Brasileiro: A Formação e o Sentido do Brasil, ou dos brasis, como insistimos, é, portanto, um livro apressado, mas lenta e arduamente reescrito ao longo da sua vida, fluindo num último jorro, quando o pensador está com os dias contados. Mais se parece a um palimpsesto, como naqueles papiros antigos em que se escreve por cima, sem apagar totalmente os primeiros registros. Uma colagem em que os vários Darcys se revezam.

É também um livro extemporâneo, pois escrito quando as várias "formações" de Gilberto Freyre, Sérgio Buarque de Holanda, Caio Prado Jr., Celso Furtado e Antonio Candido já se encontravam impressas no imaginário nacional, mas num momento em que o Brasil, em vez de adquirir forma, parecia ter se deformado, precisando de um sentido para "encontrar-se consigo mesmo". Como fazê-lo sem os brasis que seguiram na sua movimentação identitária incessante, recusando-se à moldura dos seus intérpretes?

Tudo se passa como se o enredo da obra girasse em torno de um ato sacrificial. Nosso herói cultural narra o processo pelo qual o povo foi imolado no "moinho de gastar gentes", os índios e negros escravizados, mas também a sua versatilidade expansiva, funcionando como "um criatório de gentes" desgarradas, de diversos tipos e predominantemente escuras.

A sua síntese da experiência colonizadora no tópico "A Empresa Brasil", na terceira parte do livro, é Caio Prado na veia e nos revela as "quatro ordens de ação empresarial": a escravista, a comunitária jesuítica, as microempresas de produção de gêneros de subsistência e de criação de gado e o núcleo portuário de banqueiros e comerciantes das cidades. Existe aqui um esforço de compreensão da estratificação social da formação colonial-escravista que é reposto num outro patamar quando emerge a formação neocolonial, fruto da modernização reflexa empreendida durante a industrialização do século XX. Seu esquema de estratificação social para o Brasil contemporâneo é literalmente retirado de suas obras – *O Dilema da América Latina* e *Os Brasileiros* – e parece resultar de um diálogo com Florestan Fernandes e outros de seus contemporâneos.

O povo-massa, povo-nação em devir, carrega o fardo e a tarefa (formação e sentido) de "fazer Brasil"[19]. Darcy trabalha para que esse povo brasileiro (essa unidade provisória e estratégica, dizemos nós) se assuma como o sujeito de uma história que não se sabe como, e nem de que forma e com quais meios, pode caminhar rumo a uma nova civilização. Vale destacar que Darcy, na sua última floração, já não fala de reformas ou revolução, de superação do subdesenvolvimento ou de uma "aceleração evolutiva" por meio do desenvolvimento autônomo. Não fala sequer de capitalismo, apesar da estrutura de classes criada na "dependência neocolonial", ao longo do século xx, estar ali registrada.

O herói cultural assim se dirige à nação neste excerto, espécie de clímax do seu livro quase póstumo, porque agora ele vai mesmo é ao encontro de Maíra: "todos nós, brasileiros, somos carne da carne daqueles pretos e índios supliciados. Todos nós, brasileiros, somos, por igual, a mão possessa que os supliciou". "Por igual"? Mas logo em seguida ele se refere à "brutalidade racista e classista", entranhada na estrutura de poder e da sociedade, e à necessidade de indignação que "nos dará forças, amanhã, para conter os possessos e criar aqui uma sociedade solidária"[20].

A fusão presente em "todos nós", vítimas e torturadores, cumpre o papel de presentificar o drama horrendamente sacrificial que seguimos vivendo. Assim, nosso profeta aponta que na formação, lá atrás, está o sentido que permite superá-la adiante, quando o povo-massa se experimentar em povo-nação, mas sem que, reiteramos, essa unidade sufoque a diversidade. Enquanto isso, o que fazemos com a tensão e com os "possessos" que estão por todos os lados?

19 *O Povo Brasileiro*, p. 118, 128-133.
20 Ibidem, p. 120.

Como, enfim, nos valermos de Darcy para sonhar e praticar Brasil com brasis? Nem expurgá-lo e nem simplesmente exaltá-lo: aí o minucioso e exigente trabalho, insistimos, de saber triar seu legado. Aí a equação, sempre sob novas provações, entre diversidade e unidade. Queremos crer que essa luta por um mundo que contenha vários mundos é parte de uma nova utopia, não apenas brasileira, mas planetária. E que nesse processo o Brasil dos brasis possa, senão deva, despontar como farol de um mundo feito de mundos.

2. UM DEPOIMENTO SOBRE DARCY RIBEIRO

Isa Grinspum Ferraz

Não pretendo aqui analisar a obra de Darcy em profundidade. A minha abordagem é a de alguém que viu, ouviu e compartilhou com Darcy experiências profissionais e uma grande amizade. De alguém que, ao mesmo tempo, acredita na força e na atualidade de suas ideias e na oportunidade de trazê-las à luz nos difíceis dias de hoje.

Eu convivi profissional e pessoalmente com Darcy por mais de uma década e, no meu entender, ele foi um dos grandes intérpretes do Brasil do século xx. Foi antropólogo, educador, homem de ação política, romancista e pensador do Brasil e da América Latina. Alguém que, ao longo de sua vida luminosa, fez inúmeros gestos e propostas no sentido de transformar o país, de torná-lo mais justo e menos desigual.

Darcy amava intensamente o Brasil. Viveu sua vida numa espécie de transe entre criação e revolta, e foi pioneiro e revolucionário nas várias áreas em que atuou. Glauber Rocha dizia que ele era o gênio da raça. Antonio Candido afirmou que ele foi uma das grandes inteligências do Brasil de todos os tempos, e Drummond disse dele a seguinte frase:

Darcy é um monstro de entusiasmo que nenhum golpe feroz arrefece. É um ser de esperança e combate. Sete Quedas acabou, mas Darcy é o cara mais Sete Quedas que eu conheço. Engenharia econômica nenhuma ou poder autocrático nenhum podem com ele. Darcy caudal de vida.[1]

Darcy teve a liberdade de se reinventar várias vezes. Atuou em muitas frentes e escreveu incansavelmente. As poltronas das suas casas tinham braços largos para apoiar caneta e papel. Ele trabalhava ininterruptamente e nem a doença freou o seu impulso e a sua urgência para fazer e dizer coisas. Escreveu até o último dia de vida, mesmo devorado por um câncer generalizado.

Sem se filiar a nenhuma escola de pensamento, ele ousou reler com liberdade a história do Brasil e tecer utopias. Darcy fez parte de uma geração de intelectuais e artistas que acreditavam ser possível construir um projeto cultural e político amplo para o Brasil e para a América Latina, destinado a transformar profundamente as estruturas do país e do continente, construindo um mundo mais justo, mais plural e mais alegre. Essa geração era herdeira das utopias socialistas da Revolução de Outubro e do vazio deixado pela visão dos horrores das duas guerras mundiais que abalaram o século xx. Era uma geração de humanistas: Celso Furtado, Glauber Rocha, Octávio Paz, Lina Bo Bardi e muitos outros, todos com uma perspectiva ao mesmo tempo trágica e aguda da realidade. Gente que foi temperada pelo radicalismo das vanguardas

1. Carlos Drummond de Andrade, quarta-capa da 15. ed. de *Maíra*, na edição da Record, de 1996.

europeias do começo do século xx, pela antropofagia dos modernistas, pelo existencialismo de Sartre e, mais tarde, pelas agitações de maio de 1968, pelos movimentos *beat* e *hippie*, pela Revolução Cubana e pela Guerra do Vietnã. Darcy pertencia a essa linhagem.

Para ele, qualquer análise que menosprezasse o amálgama entre fato e mito era necessariamente incompleta e desinteressante. Dessa forma, incorporou ao seu discurso dissonante e heterodoxo o culto do Espírito Santo, a mestiçagem brasileira e uma profunda vontade de beleza, que aprendeu a observar com os povos indígenas com quem conviveu por dez anos. Darcy buscava um *socialismo moreno*, como ele dizia, que tivesse repercussões profundas na alma brasileira, e para ele não interessava importar nenhum modelo de pensamento europeu ou norte-amerticano. Por isso, aliás, ao contrário da maioria de seus colegas, preferiu, no seu longo e penoso exílio nos anos da ditadura, a América Latina à Europa. Seu pensamento e sua ação marcaram toda uma profícua geração de pensadores e artistas que surgiu no Brasil na segunda metade do século xx.

Darcy valorizava a singular mistura de genes, símbolos, povos e culturas que ocorreu no país – e que não aconteceu de maneira pacífica, ele afirmava (e é muito importante relembrar aqui). Isso é fundamental porque, ao contrário de Gilberto Freyre, por exemplo, que tinha uma visão mais pacificadora dessa mistura que se deu no Brasil, Darcy dizia que ela foi desigual, cruel e terrível. Ele apostava, porém, na força e originalidade desses encontros e trocas genéticas e simbólicas que se deram aqui como promessa de um país diverso, tolerante e justo. O Brasil como uma utopia possível. Afirmava sentir agudamente o Brasil como desafio posto a todos nós, como promessa de uma nova civilização ecumênica e feliz:

Gosto demais de gente e quero a fartura para todos comerem, para crescerem sadios e manterem seus corpos sãos. Quero boas escolas para a criançada toda, custe o que custar, porque não há nada mais caro que o suceder de gerações marginalizadas pela ignorância. Tenho tão nítido o Brasil que pode ser e há de ser que me dói demais o Brasil que é.[2]

Penso que essa frase-manifesto traduz muito bem o seu pensamento.

Darcy era um homem muito culto, dizia-se um "devorador de papel". Seus livros de etnologia e antropologia são fontes ricas de estudo e pesquisa e foram traduzidas para mais de vinte línguas no mundo todo. Ele foi professor em algumas das mais importantes e renomadas universidades do mundo, tendo recebido o título de doutor *honoris causa* na Sorbonne, na Universidade de Copenhague e em outras respeitadas instituições. Por outro lado, nos meios universitários do Brasil, sua obra foi mal acolhida, seja por traçar voos ambiciosos em sínteses abrangentes muito pessoais, seja pelo fato de, além de pensador, ele ter sido um homem de ação política.

Fato é que Darcy foi um intelectual sem complexo de inferioridade em relação aos cânones e modismos do pensamento europeu e norte-americano. Para ele, nenhum modelo poderia jamais enquadrar esse país dotado e promissor que não deu certo, como dizia. Assim, era crucial conhecê-lo para poder reinventá-lo; era importante decifrar os seus sinais, compreendendo profundamente como se deu essa mistura da nossa formação social e cultural para então, a partir daí, investigar os fundamentos do que poderíamos vir a ser, sem perder o que o Brasil tem de original e criador. Ele usava muito a frase: "É preciso inventar o Brasil que a gente quer."

Como antropólogo, Darcy viveu por muitos anos entre diferentes povos indígenas brasileiros, na busca por decifrar o seu modo de existir e pensar. Cabe lembrar aqui que isso se deu nos anos 1940, quando povos indígenas "não eram considerados gente". Ao lado de Berta Ribeiro – grande etnóloga com quem foi casado – Darcy procurou decifrar as formas indígenas de existir e pensar. Com o Marechal

2. *Confissões*, p. 525-526.

Rondon, criou o Museu do Índio, a primeira instituição brasileira "projetada para lutar contra o preconceito contra o índio, que descrevia o índio como canibal, preguiçoso e violento"[3], dizia Darcy. Ainda como antropólogo, escreveu seus impressionantes estudos de Antropologia da Civilização, seis volumes com quase duas mil páginas. Ao lado de Eduardo Galvão e dos irmãos Villas-Boas, participou da criação do Parque Nacional do Xingu.

Como educador, lutou ao lado de Anísio Teixeira por uma escola pública e gratuita de período integral e de qualidade para todos os brasileiros. Com Anísio criou também a Universidade de Brasília para, como o próprio Darcy se orgulhava em dizer, "transmitir todo o saber do homem como um modo de diagnosticar os problemas brasileiros, de definir bem que problemas são e encontrar caminhos brasileiros para superar esses problemas"[4]. No seu longo exílio de doze anos, após o Golpe de 1964, Darcy andou pelo continente latino-americano reformando universidades. Como já dito, nunca quis sair da América Latina para, como ele dizia, não se "contaminar" com o universo intelectual que imperava. De volta ao Brasil com a anistia, inventou os Centros Integrados de Educação Pública – CIEPS e, já no fim da sua vida, criou a Lei de Diretrizes e Bases da Educação.

Como romancista, escreveu livros magníficos, como *Maíra* que, segundo Antonio Candido, foi um dos grandes romances brasileiros do século xx, e *Uirá Sai à Procura de Deus*. E na sua profunda inquietação ainda fez obras como o Sambódromo do Rio de Janeiro e o primeiro monumento em homenagem a Zumbi dos Palmares. Darcy gostava de festa.

Como político, foi ministro da Educação e chefe da Casa Civil no governo de João Goulart, nos anos 1960, e ali esboçou a Lei de Reforma Agrária. Após a prisão, exílio e

3. Depoimento de Darcy Ribeiro para o documentário *Darcy: Formador de Gente*.
4. Ibidem.

todas as imposições do Golpe de Estado de 1964, foi candidato a governador do Rio de Janeiro nos anos 1980 (tendo perdido a eleição) e trabalhou nos dois governos de Leonel Brizola, tornando-se mais tarde senador da República.

O que há em comum em todas as frentes nas quais Darcy empenhou sua vida? Arrisco dizer que ele era guiado por um impulso quase vulcânico de criar mundos. Foi amado e perseguido, respeitado e contestado, mas seu pensamento segue relevante num país que expõe as mesma fraturas da sua formação. O Brasil segue como um dos campeões mundiais de desigualdade social, a herança escravista permanece introjetada no corpo e na alma de nossa sociedade, a educação continua desastrosa, os povos indígenas espoliados.

Por tudo isso e muito mais, é estimulante conhecer as ideias e a obra de Darcy, não apenas como a notável expressão de uma época de profícua produção intelectual do Brasil, mas também como um horizonte aberto para pensar o país de hoje. Num tempo em que as questões nacionais têm sido vistas muitas vezes de forma fragmentária e sectária, cabe lembrar uma frase de José Miguel Wisnik sobre um aspecto importante de seu pensamento:

A ação dos grandes intérpretes totalizantes tende a soar deslocada hoje, embora seja inegável a grandeza de sua atuação apaixonada, a força de seu diagnóstico em ato e o efeito de negatividade crítica que dela resulta. O mito da mestiçagem libertadora tem sido atacado, por sua vez, com cortina de fumaça que esconde o racismo estrutural, mas vale notar que embora essa denúncia seja feita em geral contra a ideologia da democracia racial, a ideia de democracia racial não opera como referência fundante no diagnóstico de Darcy Ribeiro. Muito longe de uma sociabilidade vigente, uma democracia racial talvez fosse para ele mais propriamente uma utopia a ser alcançada e um instrumento de luta.[5]

Tentei fazer aqui uma pequena introdução ao pensamento de Darcy. Ainda teria muito a dizer, histórias a contar,

5 *Utopia Brasileira: Darcy Ribeiro 100 anos*, Catálogo de Exposição.

aspectos a desenvolver. Foram muitos anos de trabalho e amizade, e a riqueza dessa experiência é indescritível. A paixão de Darcy pelo Brasil contagiava. Penso que é hora de retornar a seu pensamento, ainda muito vivo hoje, trazendo à luz as suas ideias e revisitando os vários temas que ele antecipou e que continuam pegando fogo no Brasil de nossos dias.

3. ONZE ANOTAÇÕES SOBRE DARCY RIBEIRO E NOSSAS COMARCAS

Eric Nepomuceno

*América Latina
Sobre sua longa morte e esperança
desnudo o corpo inteiro – a palavra,
o sangue, a memória –
definitivamente
será minha cruz
a América Latina.*

PEDRO CASALDÁLIGA[1].

1.

Por mais que se entenda a dor e a aflição desse herói dos povos nossos, dom Pedro Casaldáliga, é preciso lembrar que, para Darcy Ribeiro – brasileiro até o último fiapo da

1 Disponível em: <https://pedrocasaldaliga.irmandadedosmartires.com.br/sobre-o-martirio/>.

alma, nascido em Montes Claros, Minas Gerais –, a América Latina foi, muito mais do que cruz, luz.

Darcy se empapou, ainda em sua mocidade, da certeza – ou da inquietação inicial – de que somos todos povos jovens, unidos por uma vasta e sólida rede de encontros, tão sólida e vasta que há séculos, desde sempre, tem sido alvo de uma silenciosa e bem-sucedida campanha por parte das nossas elites mais retrógradas, egoístas, malvadas.

Das tantas, múltiplas e coincidentes preocupações e angústias de Darcy Ribeiro, das múltiplas e tantas frentes de batalha em que mergulhou ao longo da vida, abarcar, entender e explicar a América Latina, mergulhar os brasileiros, seus compatriotas, na certeza de que o Brasil é a pequena pátria de cada um dos nascidos aqui, mas que todos pertencemos a uma pátria maior, comum a todos nós, foi das batalhas mais aguerridas.

E esse é dos aspectos mais vigorosos das trincheiras em que Darcy mergulhou fundo. Foi parte essencial dos seus fazimentos.

2.

Para o dicionário Houaiss, *fazimento* quer dizer *ato ou efeito de fazer; feitura, fazedura*.

Para Darcy Ribeiro, era isso e muito mais: uma espécie de eixo de vida, um norte orientando cada passo, e quanto mais ousado esse passo, melhor.

Ao longo de 74 anos, 3 meses e 114 dias, ele não fez outra coisa além de espalhar fazimentos, e não só no Brasil.

Deixou marcas por onde andou, em especial no Uruguai, no México, no Chile, na Costa Rica, na Venezuela e no Peru.

Impossível determinar em qual dos períodos de sua vida adulta acumulou um volume maior de fazimentos. Entre outras razões, porque Darcy tinha sede de fazer, e uma capacidade imensurável de mergulhar em seus projetos.

Não parava nunca. Por isso sua vida não teve outono: foi uma floração perene, até o último instante.

Quando se lançava aos fazimentos, agia da mesma forma com que encarava sua responsabilidade de brasileiro comprometido com seu tempo e sua gente: pensava longe. Abrangia o futuro.

Darcy não sonhou pequeno, nunca. E também não se limitou a sonhar um mundo melhor, mais justo e possível.

Não se limitou a crer no que sonhava até a última gota de sua vida.

Não ficou nos sonhos, jamais.

Não, não: Darcy foi à vida, foi ao mundo, para torná-los realidade.

Conseguiu algumas vezes. Fracassou em muitas outras.

Disse, muitas e muitas vezes, que sentia mais orgulho de ter sido derrotado lutando pelo que lutou do que jamais conseguiria sentir se estivesse ao lado dos que o derrotaram.

3.

Por poucos meses, Darcy não chegou aos 75 anos de idade.

E nesses quase 75 anos de vida ele foi ministro da Educação, ministro-chefe da Casa Civil, vice-governador do Rio de Janeiro, secretário de Cultura do Rio de Janeiro, secretário de Desenvolvimento Social de Minas Gerais. Foi, até o fim, senador da República.

E ele, que se sabia eterno, conseguiu ainda a proeza de morrer imortal – teve tempo de sacudir o chão da Academia Brasileira de Letras.

Escreveu romances, ensaios antropológicos, ensaios sobre educação, análises críticas da história do Brasil e da América Latina.

Seus livros de antropologia, principalmente *O Processo Civilizatório*, *As Américas e a Civilização* e *O Dilema da América Latina*, fizeram dele, ao lado de Celso Furtado, o intelectual brasileiro mais respeitado e influente no continente hispano-americano na segunda metade do século xx.

Os dois, acima de qualquer outro nome deste país, formaram gerações de intelectuais e acadêmicos pela América Latina afora.

Escreveu histórias infantis e poemas eróticos, foi indigenista, antropólogo, agitador, romancista, conspirador, mas gostava mesmo é de ser chamado de educador – coisa, aliás, que também foi.

4.

Darcy era peculiar em tudo o que fez, e sabia disso.

Jamais se recolheu aos claustros acadêmicos ou da burocracia oficial para de lá ficar olhando a vida ao longe, a realidade transformada em números e estatísticas, a vida como objeto de análise fria, calculada, distante, indolor.

Não, não: Darcy Ribeiro pôs, sempre, a mão na massa.

Mergulhou fundo, participou de todas as maneiras que pôde da vida política deste país e, com mais cuidado e distância, de comarcas desta nossa Pátria Grande, a América Latina.

E quando foi impedido de continuar participando aqui, engajou-se nos países por onde passou o exílio.

No Uruguai, no Chile de Allende, no Peru, ao lado do general Velasco Alvarado, nas suas andanças pela Costa Rica, pelo México, pela Venezuela, Darcy Ribeiro não sossegou um só instante.

Jamais foi homem de ficar na superfície. Acreditava no poder transformador da realidade.

Seu compromisso básico, o mais perene, chamava-se Brasil, sua pequena pátria dentro da Pátria Grande chamada América Latina.

Quis mudar a educação, criando escolas de qualidade para todos; quis salvar os índios, preservando suas culturas e protegendo suas terras; quis mudar a estrutura social que beneficia alguns à custa de todos os outros.

Perdeu.

Num de seus textos mais contundentes, lido quando recebeu o título de doutor *honoris causa* na Sorbonne, em 1978 – foi, aliás, o primeiro brasileiro a receber essa honraria, e na época não gozava das glórias de nenhum cargo público ou das benesses das embaixadas: estava exilado –, Darcy Ribeiro falou dessas perdas, dessas derrotas.

Disse ele:

Fracassei como antropólogo no propósito mais generoso que me propus: salvar os índios do Brasil. Sim, simplesmente salvá-los.

[...]

Fracassei também na realização da minha principal meta como ministro da Educação: a de pôr em marcha um programa educacional que permitisse escolarizar todas as crianças brasileiras.

[...]

Fracassei, por igual, nos dois objetivos maiores que me propus como político e como homem de governo: realizar a reforma agrária e pôr sob controle do Estado o capital estrangeiro de caráter mais aventureiro e voraz.[2]

E finalizou dizendo: "desses fracassos da minha vida inteira" [...] "são os únicos orgulhos que eu tenho dela"[3].

Anos mais tarde, um dos intelectuais latino-americanos que foram mais próximos a ele, o escritor uruguaio Eduardo Galeano, escreveu: "Estes são os seus fracassos. Estas são as suas dignidades."

5.

Darcy era um homem de urgências permanentes, de emergências que se alongavam no tempo. Tinham raízes profundas. Eram perenes. Uma espécie de emergência contínua, um renovar incessante.

Havia, em sua maneira de olhar e pensar o Brasil e a América Latina, um eixo nítido: o fato de não estarmos

2 De Fracasso em Fracasso, *Testemunho*, p. 11.
3 Ibidem, p. 14.

condenados a ser como estamos, a certeza de que não somos vítimas de um destino malvado, e sim de um sistema perverso.

O trabalho de Darcy Ribeiro – os sonhos que ele quis transformar em realidade – estava e está destinado a soprar o fogo dessa brasa adormecida, a incendiar a mansidão dos derrotados, a provar que nesta Nossa América somos, sempre e acima de tudo, povos viáveis, dignos de uma outra – e nova – realidade.

Para Darcy, nossos problemas só teriam e terão solução a partir de nós mesmos, de nossa capacidade de impulsionar e consolidar mudanças.

Dele, ouvi certa vez uma frase que mudou minha vida e ficou para sempre em minha alma: "Na América Latina, só temos duas saídas: ser resignados ou ser indignados. E eu não vou me resignar nunca."

Darcy tinha fome de viver, por isso seus planos se dirigiam sempre ao futuro. Tinha plena convicção de que se o passado deve ter seus tesouros preservados, também haverá de se ter a visão e a sensibilidade necessárias para se detectar, no hoje, o que permanecerá como marca de nosso tempo.

Tinha plena certeza de que países sem passado e sem memória estarão condenados, para sempre, a não ter futuro.

Daí a importância de se conhecer a fundo a história não apenas do Brasil, mas desse pedaço de mundo que nos foi dado para viver e que se chama América Latina.

6.

De todos os intelectuais brasileiros, Darcy Ribeiro foi quem mais se debruçou sobre o nosso continente.

Poucos tiveram, antes e depois, o pleno sentimento de ser, como ele, um cidadão dessas províncias.

A questão da *latinoamericanidad*, ignorada pelos brasileiros ao longo dos tempos, era, para Darcy, algo tão essencial como respirar.

Das coincidências da vida, uma foi marcante no caso dele: sua primeira viagem ao exterior, em 1951 e aos 29 anos, foi justamente à Bolívia.

Mas foi no exílio uruguaio, a partir de 1964, que Darcy passou a mergulhar fundo nos meandros da história da nossa Pátria Grande.

Quando houve o Golpe Militar do dia 1º de abril de 1964 (os golpistas insistem e insistem em evitar o dia da mentira, antecipando para 31 de março...), ele se refugiou, junto a outros integrantes do governo de João Goulart, em Montevidéu.

Achava que o exílio seria breve, de uns seis meses.

Na semana da chegada, ele, o criador da Universidade de Brasília – ao lado de seu amigo e mestre Anísio Teixeira –, foi convidado para ser professor de antropologia na Faculdade de Humanidades e Ciências da Educação da Universidade da República.

Foi nesse período inicial que Darcy conheceu Eduardo Galeano e participou da criação da Enciclopédia Cultural Uruguaia, dirigida por outro esplendoroso intelectual uruguaio, o crítico literário Angel Rama.

Conforme foi ficando claro que o exílio seria longo, Darcy passou a receber convites de instituições europeias.

Agradeceu um por um e recusou todos.

Anos depois, daria sua razão para ter permanecido no Uruguai: "Foi a decisão mais sábia que tomei na vida." E explicava que, na Europa, acabaria confinado num gabinete acadêmico, dedicando-se a aulas e pesquisas sobre etnografia indígena, sem participar de nenhum projeto nacional.

Ter ficado no Uruguai foi essencial para o que ele dizia ter sido sua "reconstrução intelectual", além de ter aberto o caminho para rapidamente se transformar num "brasileiro latino-americano".

7.

Aos poucos, e graças à sua experiência tanto na Universidade de Brasília como na uruguaia, passou a receber convites para palestras e para participar de grupos de estudo e trabalho destinados a reformas universitárias no Peru e no México, além de ter integrado comissões que criaram a Universidade da Costa Rica e outra, ainda mais distante, na Argélia.

Também foi assessor tanto de Salvador Allende, no Chile, como do general Juan Velasco Alvarado, no Peru, dois mandatários irremediavelmente comprometidos com a transformação dos panoramas de desigualdade e injustiça social.

O exílio, enfim, foi o período em que escreveu mais avidamente. Trabalhou nos cinco robustos volumes que integram seus *Estudos de Antropologia da Civilização*: *O Processo Civilizatório*, *As Américas e a Civilização*, *O Dilema da América Latina*, *Os Brasileiros: 1. Teoria do Brasil* e *Os Índios e a Civilização* – e que rapidamente se transformaram em referência indispensável para quem trata de entender o panorama de nossas conturbadas comarcas.

Darcy dizia que foi "um projeto tão ambicioso que só um exilado político, obcecado pelas tensões da proscrição, se animaria a escrever".

Por ter escrito o que escreveu, costumava dizer que, ao menos nesse aspecto, para ele o exílio foi proveitoso.

As leituras do venezuelano Simón Bolívar e do cubano José Martí foram a porta de entrada num universo até então distante para Darcy, como aliás para a quase totalidade dos brasileiros que leram o que eles escreveram.

Mas também houve uma outra fonte de luz para Darcy.

Durante as infinitas pesquisas para tentar decifrar os mistérios de uma realidade que ia conhecendo e para a qual ia tentando buscar respostas, deparou-se, certo dia, com um autor de quem nunca ouvira falar, o brasileiro Manoel Bomfim.

Seu livro *A América Latina: Males de Origem*, publicado em 1905, deixou Darcy literalmente deslumbrado.

Até o fim da vida ele diria que o antropólogo desconhecido fora de seu tempo havia sido "um pensador

46

original, o maior que geramos, um pensador plenamente maduro em 1905, quando publicou seu livro".

Uma das características mais cintilantes no pensamento de Manoel Bomfim – e, vale reiterar, isso no comecinho do século xx – era sua profunda crítica ao fato de as elites, e os intelectuais em especial, da América Latina insistirem na recusa de analisar a própria realidade, optando sempre por buscar respostas, soluções e propostas em seus pares da Europa.

Esse chamado, esse desafio, somado às leituras de Bolívar e Martí, foram o impulso decisivo para a transformação de Darcy em cidadão plenamente latino-americano, nascido no Brasil.

8.

Uma dúvida exposta por Bolívar foi especialmente marcante para Darcy: "O que somos nós, os povos latino-americanos, entre os povos, entre as civilizações?"

Indo à procura de respostas, Darcy escreveu o que escreveu.

O impacto de Simón Bolívar sobre Darcy Ribeiro é facilmente compreensível: mais ainda que figura de proa na luta pela liberdade e autonomia dos povos da Nossa América, Bolívar soube, como poucos, unir o pensamento à ação.

Idealizou o que seria uma confederação de nações hispano-americanas, sua esperança de uma Pátria Grande.

Queria partir da nossa própria realidade para transformá-la, libertando cidadãos e eliminando distâncias e desigualdades sociais.

Queria uma América unida, a Pátria Grande.

Já o cubano José Martí foi além e incluiu o Brasil naquela pátria desejada por Bolívar.

Mais que qualquer outro brasileiro de seu tempo, Darcy empunhou essas bandeiras e partiu para – seguindo os passos dos fundadores dessa ideia – interpretar nossa história, nossa formação, a começar por um ponto de vista essencial e radicalmente nosso.

Traduzir a América Latina a partir da América Latina, e encontrar caminhos e soluções nossos para problemas nossos.

Livrar-se do "colonialismo cultural" e, como insistia Bomfim, ter a certeza de que o Brasil e todos os países latino-americanos são viáveis. Essa, talvez, foi a maior herança que Bonfim nos deixou.

Mas Darcy também foi herdeiro de outros pensadores brasileiros sobre o Brasil, como Gilberto Freyre (apesar de ser crítico a vários aspectos de sua obra, destacava sempre a alta qualidade literária, principalmente de *Casa-Grande & Senzala*).

Nenhum, porém, teve tanto peso de influência, no que diz respeito à América Latina, como Manoel Bomfim, que o Brasil, aliás, continua teimosamente a desconhecer.

9.

Talvez a característica mais marcante da forma como Darcy Ribeiro aborda a América Latina esteja em seu olhar agudo, crítico e extremamente original. E para que esse olhar se formasse e consolidasse, o período do exílio e suas andanças pela região foram essenciais.

Antes do aparecimento dos livros de Darcy Ribeiro, dedicados a entender a formação dos povos latino-americanos, não havia, na literatura voltada ao exame da realidade do nosso continente, nada semelhante à exaustiva busca dele por respostas que, por sua vez, abrissem caminhos que levassem a propostas de mudança.

A exemplo de Manoel Bomfim, Darcy rejeitou a possibilidade de ter como base o olhar estrangeiro à região. E a partir desse ponto foi que ele se dedicou a examinar, analisar e interpretar a nossa realidade coletiva, respeitando ao extremo as particularidades de cada um, a partir de sua própria experiência, da realidade pessoal vivida por ele.

O olhar de Darcy dedicado à América Latina contém perguntas concomitantes sobre o que foi, o que poderia ter sido, como foi, o que é, o que poderia ser, como é, o que poderá ser, para dessa forma elaborar propostas para o que será.

Um dos aspectos mais originais do exame da América Latina sob o olhar de Darcy é a maneira como ele classificou seus povos.

Ele criou a classificação dos "povos-testemunhos", os "povos-novos", os "povos-transplantados" e os "povos-emergentes".

Povos-testemunhos eram os originários dessas terras, sobreviventes das civilizações que aqui existiam e foram brutalizados pela invasão europeia. Foram também as maiores vítimas da colonização.

Já os povos-transplantados eram, no ponto de vista de Darcy, precisamente os colonizadores, imensos contingentes vindos quase todos da Europa, que trouxeram na bagagem hábitos, culturas, religiões e instituições inexistentes na América.

Darcy destacava, entre os transplantados, alguns países em que essa bagagem foi mais assimilada: Estados Unidos e Canadá, na América do Norte, e Argentina e Uruguai, na América Latina.

A terceira categoria, a dos povos-emergentes, situava-se, na opinião de Darcy, principalmente na África e na Ásia, em países surgidos de antigas colônias depois de guerras de libertação.

Nessa classificação criada por Darcy para entender as várias civilizações mundiais e seus reflexos na época em que os livros foram escritos – final da década de 1960 –, as menções à América Latina se resumem a comparações ao que viviam os países africanos e asiáticos recém-libertos da situação de colônia e o que foi vivido nos processos de independência em nossos países.

49

O foco central foi posto na América Latina, na classificação de povos-novos. Para ele, insólita, rica e infinita mistura de etnias tão diferentes como a dos povos originários, as diferentes raízes culturais trazidas da África e a variedade de seguidas ondas migratórias vindas inicialmente da Europa (embora a imensa maioria delas tenha vindo da Península Ibérica) e, em épocas mais recentes, de países árabes e asiáticos, formaram o mais formidável mosaico cultural imaginável.

Ele citava como exemplos desse caldeirão cultural, que criou culturas pontuais, países como o Paraguai, a Venezuela, a Colômbia, o México e, é claro, o Brasil.

Embora destaque a violência do processo de formação dessas futuras novas nações em épocas de conquista, ocupação e colonização, Darcy não deixa de observar que o resultado foi o surgimento de novas etnias em nossas nações, originais e dotadas de qualidades únicas, etnias extremamente poderosas.

Em sua forma tão peculiar de escrever, Darcy dizia mais ou menos o seguinte: é muito fácil criar países como a Austrália. Basta pegar um punhado de ingleses, irlandeses e escoceses, despachar para uma ilhona deserta, que eles matam os habitantes originais e fazem uma Grã-Bretanha de segunda classe.

Com o tempo, claro que esse país melhora e muito, mas no começo era isso mesmo, fácil de fazer.

Já no caso da América Latina, ele assegurava que o que existia era a aventura de ter sido criado um novo gênero humano, feito de mestiços de carne e espírito. "Nós fizemos um povo capaz de herdar dez mil anos de sabedoria indígena, de adaptação aos trópicos e fazer uma civilização tropical. Esse povo está aí, e eu digo que somos a nova Roma. E por que nova Roma? Somos a maior massa latina, fizemos uma massa de gente que é de 500 milhões de pessoas"[4], escreveu ele num texto tão convicto como irreverente.

4. *Mestiço É Que É Bom*, p. 105.

E, segundo Darcy, precisamente por isso, para evitar o poder dessa nova Roma, caso houvesse uma verdadeira integração entre nossos países, os centros de poder econômico do planeta cultivaram cuidadosamente ao longo dos tempos em nossas elites a ideia de que eram desprezíveis as potencialidades de nossos vizinhos, quando comparadas às nações europeias ou aos Estados Unidos.

Enquanto não nos dermos conta disso, pregava Darcy, continuaremos a padecer dos males que padecemos.

10.

Nessa abordagem da nossa realidade, Darcy tratou de alertar sobre o que, para ele, era uma ameaça palpável: as pretensões, planos e esforços das elites latino-americanas na procura de alcançar e preservar benefícios próprios, subjugando povos e países com o intuito de manter seus privilégios.

Uma espécie de colonialismo interno, em parceria com o externo, e em prejuízo das imensas maiorias.

A isso ele somou sua atuação pessoal, sua militância política direta ou indireta. Darcy não apenas jamais se manteve à margem – exceto, claro, quando foi impedido, como nos tempos de exílio – das lutas pela transformação social do Brasil como nunca respeitou a figura do intelectual que não assumisse sua responsabilidade direta na busca de mudanças.

O mesmo rigor que impunha em suas tarefas de pesquisador e formulador de análises da realidade ele tratava de impor na luta pelas transformações que julgava essenciais.

Para Darcy, pesquisar por pesquisar era pouco, era quase nada. Dizia que o intelectual, o artista, deve ter necessariamente uma noção clara de sua responsabilidade dentro do contexto em que vive. E que cada passo que dava era comprometido, posto sempre a serviço dos povos da América Latina e, muito especialmente, do povo brasileiro.

Contam-se nos dedos das mãos os latino-americanos que souberam, com a intensidade de Darcy, aliar trabalho intelectual rigoroso e do mais alto nível com militância e ativismo na política.

11.

A esta altura, vale a pena reler – ou ler – um texto de Darcy, cruel e angustiado, sobre esse nosso continente.

Esse texto deixa clara a dimensão de sua luta para entender, explicar e mudar a realidade das nossas comarcas, da Nossa América.

CONSCIÊNCIA ALIENADA

Mais ainda que países da utopia, nós somos o reino do desarraigo. Comecemos por nossa louca geografia.

Conversando com um chileno, um peruano ou com um cidadão de qualquer país da costa do Pacífico, se verifica facilmente que para ele o que seu país tem pela frente é a Europa atlântica ou a América saxônica. Abstrai totalmente o fato de que, para ir à Europa, ele tem de rodear o Estreito de Magalhães lá em baixo, ou atravessar o Canal do Panamá, lá em cima.

Se algum malvado lhes diz que eles vivem é cara a cara com a China e o Japão, os pobres se assustam demais.

Nós, da costa Atlântica, que moramos face a face com a África de onde vieram tantíssimos de nossos patrícios, apagamos com igual zelo este fato de nossas mentes.

Somos vizinhos é da França ou da América. América, aliás, é para todo latino-americano só a lá do Norte.

Nós nos concebemos, de fato, é como uma espécie de subúrbio do mundo. Uma área marginal, periférica, posta de cabeça pra baixo na calota de baixo da Terra para sofrer.

Exagero, certamente.

Na América do Sul, o Brasil faz uma fronteira terrestre de quinze mil quilômetros com outros países. Como ela corre, deserta, na montanha ou na floresta impenetrada – uma vez que só temos uns poucos pontos de contato –, é como se pertencêssemos a continentes diferentes.

Cada país latino-americano, insciente de seu contexto – exceto para tricas e futricas, ou para a troca de peças das respectivas fábricas das multinacionais –, se relaciona diretamente é com o Centro, ainda que este seja tão descentrado com as metrópoles que olhamos, pasmados: Paris, Londres, Moscou, Pequim, Berlim, Nova York, Tóquio.

Falo, evidentemente, é da visão do mundo das classes afortunadas, cultas.

O povo mal sabe de que país é. Sua pátria verdadeira é a patriazinha do quarteirão rural onde nasceu e onde vive; ou o vasto mundo estranho e inóspito das estradas em que transita de fazenda a fazenda, servindo a seus patrões.

Outra alienação latino-americana bem típica é nosso jeito de povo que chegou aqui ontem e ainda não conhece a terra onde mora.

Enquanto um índio sabe o nome, o uso e o mistério de cada animal e planta e pedra e terra e nuvem, para nós, latino-americanos, tudo é bicho ou pé-de-pau ou coisa.

Somos, culturalmente, uma espécie de povos tábua-rasa, desculturados dos saberes e das artes tão elaboradas de nossas matrizes indígenas, africanas, europeias.

Ao nos civilizarmos, ficamos parvos. Perdendo a cara e o ser que tínhamos, viramos uma pobre coisa que só lentissimamente se vem refazendo pelo cruzamento sincrético de tradições alheias.

Quando elas se cristalizavam numa cultura popular vivente, surgiram o rádio e a televisão que tudo querem converter em folclore e matar para difundir o iê-iê-iê. Mas resistimos. Até quando?

Não se precipite, leitor, em face de nossa pobreza, envaidecendo-se de ser civilizadíssimo e servido por bens culturais admiráveis.

Assim é, efetivamente. Mas eu prefiro nossa pobreza inaugural à sua opulência terminal, de quem já acabou de fazer o que tinha a fazer no mundo e, agora, usufrui o criado.

Nós temos todo um mundo a refazer. Eu mesmo – morra de inveja! – andei num rio caudaloso que ainda não tinha sido mapeado.

Fui o primeiro a conviver e estudar os kaapor, um povo que parecia saindo ainda fresco das mãos do Criador.

Nossa tarefa não é usufruir riquezas terrenais acumuladas em museus e institutos culturais. É fazer o melhor possível para se viver o mundo que há de ser.

Também no tempo, nós, latino-americanos, não nos situamos direito.

Para um norte-americano houve, antes do capitalismo, um feudalismo que ele viveu na Inglaterra. Antes, um escravismo de quando os romanos mandavam lá. Houve até algum tribalismo canibal dos seus avós germanos, documentado por Tácito.

Para nós, não. Assim como o passado do mundo não foi nosso passado, o seu presente não é nosso futuro.

Somos evolutivamente de outro fuso temporal. Para nós, qualquer revolução burguesa de liberação das peias feudais, a fim de ensejar o surgimento de um empresariado cruel e egoísta, seria tardio.

Já nascemos capitalistas, produzindo mercadorias com mão-de--obra escrava em grandes empresas agromercantis exportadoras.

A revolução socialista para nós foi uma tarefa precoce, porque cada bando de negro fugido do nosso escravismo capitalista recaía no comunismo primitivo; e cada campesinato alçado do capitalismo dependente refunda a comunidade solidária e nela vive feliz até que a polícia venha acabar com a festa.

Tão fora dos tempos evolutivos vivemos, que Fidel e Che só fizeram uma revolução socialista em Cuba por ignorância.

Se fossem lidos de marxismo, saberiam que a etapa cubana era ainda a democrático-burguesa.[5]

12.

Há, enfim, o convívio de Darcy com alguns dos maiores intelectuais, artistas e pensadores de seu tempo na América Latina.

Há toneladas de relatos sobre suas relações pessoais com uruguaios, como o crítico literário Angel Rama e o escritor Eduardo Galeano, com o antropólogo mexicano Guillermo Bonfil Batalla, ou o também mexicano Pablo González Casanova, figura absolutamente obrigatória para quem pretende estudar e entender a realidade latino-americana.

Quem o conheceu de perto e teve algum contato pessoal com o poeta chileno Pablo Neruda certamente saberá de um encontro entre os dois, numa passagem de ano no casarão do poeta em Isla Negra, vizinho a Valparaíso, na costa do Pacífico.

Darcy, convidado, apareceu na companhia de uma moça especialmente bela. Neruda, que o conhecia há algum tempo e por isso tinha convidado Darcy para a festa, interessou-se de imediato pela moça.

5 D. Ribeiro, *A América Latina Existe?*, p. 82-86.

Entendendo que ela estava mesmo era cativada por Darcy, o poeta tratou de afogá-lo em uísque para ver se ele se soltava da moça.

Perdeu: ele se manteve firme. E ela também.

Outra história de Darcy no Chile, ou não, mostra a dimensão do respeito que ele despertou América Latina afora.

Quando houve o golpe de Pinochet contra o governo de Salvador Allende, no dia 11 de setembro de 1973, o México – país de longa tradição de solidariedade com perseguidos e refugiados – fez o que pôde para resgatar milhares de perseguidos.

Em alguns casos específicos, agiu diretamente. E um desses casos era exatamente Darcy Ribeiro.

O então presidente mexicano, Luis Echeverría – figura, aliás, mais do que controversa –, havia conhecido Darcy quando ele elaborava o projeto da Universidade do Terceiro Mundo, sediada no México.

Diante da catástrofe que se desenhava no Chile com o golpe do general Augusto Pinochet, Echeverría não teve dúvidas: despachou para o Chile o escritor Juan Rulfo, figura maior da cultura mexicana, com a missão de resgatar Darcy Ribeiro.

Acontece que, naquela altura, Darcy estava em Lima, onde era um dos assessores do presidente, o general Juan Velasco Alvarado, para programas de educação.

Rulfo viajou ao Chile num avião presidencial apenas para garantir que Darcy estivesse a salvo.

O voo acabou regressando com mais de uma centena de exilados a bordo. Nenhum deles era Darcy[6].

Para encerrar, me atrevo a prestar testemunho pessoal em duas ocasiões, sempre com o colombiano Gabriel García Márquez.

---

6 Em tempo, vale recordar que, em 1973, as comunicações tinham, em comparação com hoje em dia, a velocidade de uma "tartaruga com cãibras". Não havia celular, nem internet, nada disso. O temor de que Darcy pudesse estar no alvo de um golpe sanguinário fez com que o presidente mexicano fizesse o que fez.

Uma vez, um repórter inconveniente fez a ele uma pergunta longa e complexa. Esse repórter era eu. A resposta de García Márquez foi fulminante: "Pergunte ao Darcy Ribeiro. Só ele tem resposta para tudo."

A outra história:

Na noite da quinta-feira, 21 de outubro de 1982, altas horas na Cidade do México, manhãzinha em Estocolmo, Suécia, Gabriel García Márquez recebeu um telefonema – é parte do protocolo sueco – perguntando se aceitaria receber o prêmio Nobel de literatura daquele ano. Respondeu que sim, e pronto. Outra vez, sua vida nunca seria a mesma. O alvo do telefonema estava na Cidade do México, jantando na casa de seu amigo mais chegado, o poeta e escritor colombiano Álvaro Mutis.

Na sexta, 22 de outubro daquele ano de graça, convocado que fui, me juntei à empregada e à secretária pessoal de García Márquez, ao lado de Jorge Castañeda e do próprio premiado – que ostentava um vistoso e levemente cintilante robe lilás –, para separar os telegramas que chegavam em caixas que vinham em borbotões. Sim, sim: houve um tempo em que se usava telegrama. Não existia internet, Instagram, WhatsApp, essas coisas. Separávamos, divertidos e diligentes, os telegramas por emissário e tema. Chefes de Estado, de governo, políticos, banqueiros, escritores, amigos de maior ou menor peso, jornalistas, e por aí em diante.

Tive a sorte de abrir, entre os muitos que vinham do Brasil, um que dizia o seguinte: "Morro de inveja. Assinado: Darcy Ribeiro." García Márquez, entre toneladas de "felicitaciones", escancarou um sorriso dos trópicos. E em seguida chamou a secretária e disse a ela: "Esse eu quero enquadrar. É o único sincero."

Também assim era Darcy Ribeiro. Também assim.

4. O BRASIL COMO PROJETO: DARCY RIBEIRO E O NACIONAL-DESENVOLVIMENTISMO

Layza da Rocha Soares

Introdução

Este capítulo pretende relacionar o pensamento e práticas do nacional-desenvolvimentismo e as grandes contribuições realizadas por Darcy Ribeiro.

Tanto do ponto de vista teórico quanto na execução de inúmeros projetos e programas políticos para o desenvolvimento do Brasil, o pensamento e a ação de Darcy se fizeram muito presentes. Nesse sentido, o capítulo se divide em quatro seções, considerando esta introdução. Na próxima seção será apresentada uma breve contextualização histórica da emergência do pensamento desenvolvimentista no Brasil, bem como de seu amadurecimento e as experiências desenvolvimentistas das décadas de 1950 e 1960.

Posteriormente, serão delineadas algumas experiências e reflexões de Darcy Ribeiro durante o período da ditadura militar no Brasil e seu exílio, quando se interrompe abruptamente e violentamente a democracia brasileira e o projeto desenvolvimentista que incluía pela primeira vez uma preocupação com grande parcela da população.

Em seguida, na quarta seção, com um salto no tempo, serão identificadas algumas similaridades do período atual da economia brasileira, após o ressurgimento de políticas desenvolvimentistas na primeira década de 2000, com as limitações e os entraves verificados nas décadas do desenvolvimentismo clássico.

Ao longo deste texto, pretende-se demonstrar algumas das inúmeras contribuições de Darcy Ribeiro não só para o pensamento das ciências sociais (com destaque para a economia), para a compreensão da dinâmica social brasileira e latino-americana, mas também para as possibilidades de efetivação de um projeto de Brasil mais justo e igualitário.

Breve Contexto Histórico da Emergência do Pensamento Desenvolvimentista no Brasil

Na primeira metade da década de 1940, tem-se uma continuidade do período do Estado Novo de Vargas – que dura de 1930 a 1945, o qual surge como uma forte reação ao federalismo, às velhas oligarquias decadentes do Café com Leite. E apresenta uma proposta de um Estado mais forte para a recuperação econômica e a industrialização no Brasil, de modo a alterar as características econômicas do período antecessor.

A economia brasileira ainda se encontrava em um processo de industrialização "voltado para fora", ou seja, com o setor primário-exportador sendo o mais bem definido e mais produtivo da economia. Esse era o setor para o qual eram destinados os principais recursos, os fatores de produção, o que possuía uma melhor infraestrutura, com sistema de logística integrada etc. Por outro lado, o mercado interno tinha características de baixa produtividade e visava atender às necessidades de alimentação e vestuários da população. A demanda interna crescente por bens e serviços era abastecida, predominantemente, por importações.

Esse também era o perfil de outros países latino-americanos nos anos 1930 e início de 1940, com uma economia voltada para a exportação de produtos primários e, por isso, mais vulnerável aos ciclos econômicos dos países centrais, com uma tendência ao desequilíbrio estrutural do balanço de pagamentos e dificuldades profundas de se industrializar, de se desenvolver.

Mesmo que essas características de vulnerabilidade econômica tenham permanecido durante o Estado Novo de Vargas, é inegável que as mudanças e o impulso estatal nesse período foram basilares para o processo de industrialização e urbanização brasileiro que se sucedeu posteriormente. Nesse contexto, houve ampliação do aparato estatal para além da dimensão planejadora e reguladora do processo de industrialização, na produção de bens intermediários em um contexto de intensas restrições às importações. É nessa conjuntura que o governo cria diversas empresas estatais atuantes nas indústrias de base, como a Companhia Siderúrgica Nacional (1940), a Companhia Vale do Rio Doce (1942), a Companhia Nacional de Álcalis (1943), a Fábrica Nacional de Motores (1943), a Hidrelétrica do Vale do São Francisco (1945), bem como diferentes instituições de pesquisa, entre outros[1].

Diante dessas particularidades do Brasil, dessa necessidade de se industrializar, dos impasses do desenvolvimento, da condição subdesenvolvida da América Latina,

---

1 Ver Victor L. de Araújo; Fernando A.M. de Mattos (orgs.), *A Economia Brasileira de Getúlio a Dilma*.

emergem grandes pensadores do desenvolvimentismo latino-americano, tal como Darcy Ribeiro. Pensadores que refletiram sobre a natureza do subdesenvolvimento nas décadas de 1940 e 1950, que consolidaram uma ideologia, bem como uma teoria econômica estruturalista do desenvolvimento ou subdesenvolvimento latino-americano.

O Desenvolvimentismo na Teoria Econômica em Meados do Século xx

Diante do fortalecimento da ideologia industrializante que imperava no pós-Segunda Guerra Mundial e da insuficiência instrumental da ideologia liberal[2], dominante até a década de 1930, para entender e transformar as realidades econômicas e sociais da América Latina, a construção de uma teoria, uma contrapartida no plano analítico, se fez necessária.

Nesse contexto, desenvolve-se uma escola de pensamento especializada na análise das tendências sociais e econômicas dos países latino-americanos, a Comissão Econômica Para América Latina – Cepal, que compreende diferentes teses e reflexões de intelectuais e de alguns historiadores econômicos da região. Esse conjunto instrumental analítico em torno do paradigma desenvolvimentista latino-americano contém um enfoque histórico estruturalista como método, bem como análises da inserção internacional, dos condicionantes estruturais internos dessas economias e das necessidades e possibilidades de ação estatal[3].

De modo geral, o pensamento econômico estruturalista latino-americano na década de 1940 e 1950, dentro da teoria econômica, compreendia que a industrialização

2 Do ponto de vista acadêmico, baseado na teoria da divisão internacional do trabalho, oriunda das vantagens comparativas ricardianas. Ver R. Bielschowsky, *Cinquenta Anos de Pensamento na Cepal*.

3 Ibidem.

seria uma condição necessária para o desenvolvimento econômico, que as forças de mercado eram insuficientes na promoção de mudanças requeridas na estrutura econômica dos países periféricos e que a presença forte do Estado era fundamental para promover essa industrialização, para o planejamento, e para de fato promover uma nação democrática e soberana.

A Cepal, criada em 1949, tem sua origem associada ao economista Raúl Prebisch, à teoria desenvolvimentista ou estruturalista latino-americana, que destaca a importância do contexto histórico para entender o funcionamento da economia e da sociedade, atentando para o comportamento dos agentes sociais e trajetória das instituições.

Essa teoria tem como diagnóstico desse período histórico o reconhecimento de uma estrutura internacional que determinava o padrão de inserção dos países na economia mundial, como centrais (industrializados) ou periféricos, tal como o Brasil, cuja estrutura socioeconômica era pouco diversificada, tecnologicamente heterogênea, muito diferente dos países centrais.

Dentre os diagnósticos e teorização do paradigma desenvolvimentista latino-americano estão, por exemplo:

1. a tendência à deterioração dos termos de troca, elaborado por Raúl Prebisch, uma vez que os países periféricos fornecem matérias-primas em mercados competitivos, onde o aumento da produtividade juntamente com a inovação tecnológica geram maiores lucros e salários (no caso de bens manufaturados), reduzindo os preços dos produtos primários. Por essa razão, há uma tendência de encarecimento relativo dos produtos importados;

2. a necessidade de substituição das importações, conceituação muito bem desenvolvida por Maria da Conceição Tavares, em 1963, por produtos tecnologicamente mais diversificados e que possuíam preços

mais elevados que os produtos exportados, o que era fundamental para o desenvolvimento das forças produtivas nacionais.

Outra identificação foi a de que o desenvolvimento nas condições dos países periféricos não seria uma etapa de um processo universal de desenvolvimento econômico, mas um processo inédito, cujos desdobramentos históricos seriam singulares à especificidade de suas experiências, teria sequências e resultados distintos aos que ocorreram no desenvolvimento dos países centrais. De forma mais bem elaborada, Celso Furtado explica em seu livro *Desenvolvimento e Subdesenvolvimento*, de 1961, a relevância de se compreender o subdesenvolvimento e sua problemática histórica:

O subdesenvolvimento não constitui uma etapa necessariamente do processo de formação das economias capitalistas modernas. É, em si, um processo particular, resultante da penetração de empresas capitalistas modernas em estruturas arcaicas. O fenômeno do subdesenvolvimento apresenta-se sob várias formas e em diferentes estágios [...] requer esforço de teorização autônomo. A falta desse esforço tem levado muitos economistas a explicar, [...] problemas que só podem ser bem equacionados a partir de uma adequada compreensão do fenômeno do subdesenvolvimento.[4]

Assim como Prebisch e Furtado, diferentes autores pertenceram à Cepal ou estiveram sob sua influência, como Aníbal Pinto, Aldo Ferrer e outros. Vale ressaltar que o termo "desenvolvimentismo", utilizado neste capítulo, refere-se à teorização desses pensadores latino-americanos, teóricos, economistas ou não, que também possuem influência, entre outros, do impulso desenvolvimentista das economias centrais do pós-guerra, da Guerra Fria, do plano Marshall, da teoria econômica keynesiana, mas que trazem esse olhar, essa compreensão e teorização específica

4 C. Furtado, *Desenvolvimento e Subdesenvolvimento*, p. 184-185.

para os países latino-americanos e, por sua vez, para o Brasil, o que significou um amadurecimento intelectual e ideológico para pensar e elaborar uma via brasileira de desenvolvimento conectada à luta política e social.

Entre esses pensadores e intelectuais desenvolvimentistas está Darcy Ribeiro, que trabalhou, influenciou, foi amigo de teóricos economistas, tal como Celso Furtado, Maria da Conceição Tavares e outros, como veremos posteriormente.

O pensamento ou ideias desenvolvimentistas, nas décadas de 1950 e 1960, estiveram fortemente presentes na esfera das ciências sociais como um todo – ou seja, na economia, na antropologia, na sociologia e outras áreas –, como também trouxeram uma possibilidade de alteração da forma histórica de se fazer política no Brasil.

Na Execução da Política Econômica

Concomitantemente ao amadurecimento e progressão do pensamento desenvolvimentista brasileiro, no plano de concretização política na década de 1950 tem-se a volta de Getúlio Vargas à presidência (1951-1956). Dessa vez com um retorno democrático, eleito pelo voto direto e com uma plataforma popular, Vargas administra divergências dos interesses da elite brasileira agrária e industrial, civil e militar. Para isso faz acordo com a oligarquia tradicional atrasada e com setores considerados modernos, manobra que caracteriza seu governo como "Estado desenvolvimentista conservador e moderno". O ímpeto industrializante promove a produção da indústria pesada, da qual o país carecia, a ampliação do potencial elétrico, de portos, ferrovias e rodovias, bem como a criação de instituições relevantes, como a Petrobras, com monopólio estatal, e o Banco Nacional de Desenvolvimento Econômico – BNDE, que significou uma solução endógena para financiar o desenvolvimento industrial brasileiro, entre outros.

Posteriormente, entre 1956 e 1961, com Juscelino Kubitschek (JK) na presidência, tem-se uma consolidação da orientação desenvolvimentista de influência do Estado na economia que vinha se formando desde a década de 1930, com o fortalecimento de instituições, a formação de um consenso político e a concretização de programas e planos para promover o crescimento acelerado do país. Nesse sentido, o governo JK se destaca pelo Plano de Metas, sintetizado no lema da campanha presidencial de "50 anos em 5". De modo geral, esse plano se mostrou bem-sucedido quanto à expansão industrial, diversificação e crescimento da economia, integração de algumas regiões do Brasil, com a expansão de rodovias, a criação de Brasília etc.

Por meio do projeto desenvolvimentista, JK conseguiu não só alinhar interesses políticos antagônicos (o que difere do final do segundo governo de Vargas), assim como o capital estrangeiro, nacional e estatal para industrializar o Brasil. O Plano de Metas realizou grandiosos investimentos públicos em indústrias básicas, infraestrutura de transporte e energia, e estimulou investimentos privados em setores de capital-intensivo, como indústrias de bens de consumo duráveis e automobilística.

Todavia, o que poderia ser a realização de um *sonho brasileiro* de país mais justo e igualitário com o avanço da urbanização e industrialização, foi a concretização de um progresso para poucos. Durante o governo de Kubitschek, o Brasil teve altas taxas de crescimento econômico, do Produto Interno Bruto – PIB, maior participação da indústria no PIB e diversificação produtiva. Por outro lado, havia elevada concentração da renda em uma pequena porção da população, sem políticas voltadas aos profundos problemas sociais, revelando os interesses e as contradições do modelo de desenvolvimento brasileiro incapaz de reduzir as discrepâncias sociais e de promover uma "homogeneização social".

O modelo foi projetado pelas elites urbanas para desenvolver as forças produtivas, promover a substituição de importações, ampliar o mercado interno, voltado para a classe média urbana, com a estrutura institucional criada por Vargas – com salário mínimo, carteira de trabalho, legislação trabalhista. No entanto, o país que aparentemente se desenvolveu por um lado, tinha a maior parte da população rural – em 1950, 64% da população era rural e, em 1960, 55%[5] – e uma massa vulnerável e na miséria que não foi incorporada a esse momento de consumo nem aos novos direitos de trabalhadores cidadãos (Carolina Maria de Jesus descreve versadamente sobre a massa da população urbana desconsiderada do tal progresso[6]).

Assim, mais uma vez foi posto em prática o programa desenvolvimentista brasileiro, com uma modernização conservadora e composta da mistura de uma elite tradicional e de outra, liberal, que aprofundou as desigualdades já existentes e, na verdade, nem solucionou os problemas estruturais econômicos, como a deterioração dos termos de troca e da conta de transações correntes[7].

Apesar desse panorama do decênio de 1950, a próxima década se iniciou com um pouco mais de esperança quanto às possibilidades de mudanças profundas, de realização do sonho brasileiro, com a presença de grandes pensadores teóricos do desenvolvimentismo latino-americano na atuação do Estado. Como exemplo, podemos citar Celso Furtado, na criação e direção da Superintendência do Desenvolvimento do Nordeste (Sudene), em 1959, onde constatou de perto a profunda desigualdade regional do país e a miséria na qual se encontrava o Nordeste brasileiro. E também por essa experiência lança, em 1961, seu livro já citado, *Desenvolvimento e Subdesenvolvimento*. Furtado também atuou no Ministério de Planejamento entre 1962 e 1964. Por sua vez, Darcy Ribeiro assumiu o

5 Ver IBGE, Dados Históricos dos Censos Demográficos, disponível em: <https://memoria.ibge.gov.br>.

6 Ver C.M. de Jesus, *Quarto de Despejo*.

7 Ver V.L. de Araújo; F.A.M. de Mattos (orgs.), *A Economia Brasileira de Getúlio a Dilma*, p. 217.

Ministério da Educação em 1962, após seu trabalho no Serviço de Proteção ao Índio e, em 1963, tornou-se chefe da Casa Civil até o ano de 1964.

Nesse período, com a presidência de João Goulart, ainda que perante alta instabilidade política e pressão da elite udenista, houve uma possibilidade de realizar de fato um projeto desenvolvimentista que incluísse uma grande parcela da população. A política adotada pelo governo de Jango teve como símbolos a defesa da economia nacional e a preocupação social através da construção de um capitalismo reformista. Anunciou as propostas de reformas de base, como, por exemplo, as reformas agrária e urbana, que apesar de serem apontadas como um projeto de revolução socialista ou comunista, disso nada se tinha, ao contrário, era um projeto capitalista que oferecia reformas básicas para uma estrutura mínima de acumulação capitalista.

Do mesmo modo, Darcy elucida em seu livro *As Américas e a Civilização*, de 1970, que, do ponto de vista das teorias desenvolvimentistas, a reforma agrária seria "o mecanismo fundamental de aceleração do progresso econômico", uma vez que é propícia para:

ativar a economia e assegurar uma base ao desenvolvimento industrial; fazer uma parcela do campesinato ascender à condição de pequenos proprietários integrados na economia de mercado como produtores e consumidores [...]. Reduzir as tensões sociais perigosamente revolucionárias geradas pela miséria do campo e implantar um fator de estabilidade político-social, interessando os camponeses na consolidação da ordem capitalista, para defender suas pequenas propriedades[8].

A gestão de Jango conseguiu realizar inúmeras feituras. Dentre elas estão: ampliação das relações comerciais, política externa independente, implementação de uma política nacional de saúde, execução do Plano Nacional

8 *As Américas e a Civilização*, p. 290.

de Educação, Código Brasileiro de Telecomunicações, a criação da Eletrobras, em 1962, entre outras[9].

Mas a elite dominante venceu o jogo político tenso e conflitante com o Golpe de 1964, que veio frear, desmantelar esse projeto, pelo menos no que concerne a tornar o país menos desigual. O projeto interrompido foi não apenas das reformas de base como também o da democracia brasileira. O "sonho" de uma democracia da civilização original dos trópicos de Darcy Ribeiro foi interrompido, esfacelado!

Ditadura Militar, Darcy Ribeiro e o Sonho Interrompido

Com as perseguições durante a ditadura, Darcy Ribeiro, em seu exílio, passou por diferentes países latino-americanos, como Chile, em 1964 e 1971, Uruguai entre 1964 e 1968, Venezuela em 1969 e 1975, Peru em 1972. Durante esses períodos, ele estabeleceu inúmeros projetos a partir de universidades, assessorou diferentes governos, aprofundou seus conhecimentos das sociedades latino-americanas.

Darcy, em seu ideário nacionalista e desenvolvimentista, possuía um conhecimento raro e caro quanto às peculiaridades da sociedade brasileira e manteve-se crítico às diferentes formas de exploração e dominação civilizatória. Propiciou contribuições relevantes para o pensamento social latino-americano, com seus trabalhos, reflexões e suas inúmeras publicações, tal como com *O Processo Civilizatório*, *Teoria do Brasil* e *O Povo Brasileiro*, o qual começou a escrever em seu exílio no Uruguai e foi finalizado e publicado mais de trinta anos depois. Nessa obra, Darcy investiga as raízes da formação popular da nacionalidade e as bases para a construção de um projeto desenvolvimentista inclusivo e soberano.

9 Ver H.P. de Melo; C.P. Bastos; V.L. de Araújo, A Política Macroeconômica e o Reformismo Social, em V.L. Araújo; F.A.M. Mattos (orgs.), *A Economia Brasileira de Getúlio a Dilma*.

Ele trouxe não só importantes contribuições para o pensamento desenvolvimentista como um todo, devido à sua vasta experiência, ao seu conhecimento de um Brasil não observado por muitos teóricos, ao seu otimismo, como também trouxe grandes contribuições para o pensamento econômico, como ficou evidenciado em suas obras *O Dilema da América Latina* e *As Américas e a Civilização*, esta pertencente à série Estudos de Antropologia da Civilização, no qual ele escreve sobre teorias desenvolvimentistas e a importância da reforma agrária para o desenvolvimento.

Em *As Américas e a Civilização*, Darcy apresenta uma rigorosa crítica aos estudos de natureza colonialista que buscam explicar o atraso dos países latino-americanos em termos de atributos singulares do seu "caráter" e da sua cultura, e a outros estudos que se assentam na concepção de que o desenvolvimento das sociedades modernas é explicado como etapa de um processo evolutivo, unilinear e irreversível de todas as sociedades humanas. Dentro dessa visão, as nações latino-americanas seriam atrasadas por unir maior conteúdo de etapas passadas da "evolução humana", como, por exemplo, de relações escravistas e do feudalismo.

Para Darcy, essa seria uma perspectiva ultraconservadora e infrutífera como explicação do desenvolvimento desigual das sociedades contemporâneas, isenta de esforços para identificar os fatores causais e condicionantes da dinâmica social, fundamentada em um "objetivismo míope" e/ou na busca de evidências que reiteram os estágios evolutivos, na tentativa de enquadrar fatos em "antinomias formais". Ainda de acordo com o autor, em vez de esses estudos proverem uma teoria explicativa dos processos sociais, das inter-relações econômicas e culturais, funcionam como instrumento de manutenção de *status quo*, como no caso da sociologia e antropologia acadêmicas do período.

Essa perspectiva de estágios evolutivos, lamentavelmente, ainda é muito utilizada no âmbito das ciências econômicas como explicação do atraso industrial e tecnológico de países periféricos.

As contribuições de Darcy também podem ser observadas em suas cartas trocadas com Celso Furtado durante o exílio de ambos os pensadores. Cartas que não só rememoravam fatos históricos e encontros que tiveram, mas também discutiam e refletiam sobre a realidade da América Latina no período da ditadura e suas avaliações, expectativas e propostas. Essas cartas estão disponíveis no arquivo nacional de Darcy Ribeiro, e muito bem apresentadas por Santos[10].

Nessas cartas trocadas entre 1969 e 1970, Furtado, em Paris, reiterava seu pessimismo, como muitos economistas, quanto às possibilidades de mudança do cenário político no Brasil e na América Latina em um futuro próximo. Por outro lado, Darcy, que permaneceu no continente americano, ao conviver e observar diferentes lutas e movimentos sociais que ocorriam na América Latina, buscava alternativas para o continente, com hipóteses e caminhos possíveis. Apontou as experiências nos países do Cone Sul, sobre os regimes políticos e suas expectativas quanto aos governos autoritários. Visualizou possibilidades de transformação e avanços sociais com o movimento dos Tupamaros, no Uruguai, com Juan Velasco Alvarado, no Peru, e Allende, no Chile[11].

Darcy também esboça críticas às esquerdas e ao posicionamento de companheiros "mergulhados no círculo vicioso da paranoia do exílio", e escreve sobre seus anseios quanto à interrupção dos projetos nacionais de desenvolvimento no Brasil[12].

Já Furtado, em uma de suas cartas, relata que, durante vinte anos de relativa liberdade no Brasil, pessoas como Darcy e ele conseguiram influenciar os acontecimentos

10 Ver L. de A. Santos, As Cartas do Desterro, *Terceiro Milênio*, v. 3, n. 5.

11 Ibidem.

12 D. Ribeiro apud L. de A. Santos, op. cit., p. 172.

no país. Entretanto, quando tudo parecia bem com a democracia, com as expectativas de ascensão social e de reformas, a reação a essas possibilidades evidenciou os limites da democracia, que era "artificial e imprecisa" e impediu melhorias dos setores populares da sociedade.

Esse cenário de vulnerabilidade da democracia brasileira e da reação ao tênue acesso da massa da população às condições básicas de vida ocorreu não apenas em 1964 como também se explicitou nos últimos dez anos no Brasil, em especial, após a vitória da extrema direita nas eleições presidenciais em 2018 (e em outros países periféricos no período recente). Desde 2016, evidencia-se não apenas a fragilidade da democracia brasileira, mas também de um projeto de desenvolvimento econômico, como veremos a seguir.

O Brasil Recente e Darcy Ribeiro

Uma década após o restabelecimento da democracia brasileira, com as primeiras eleições diretas pós-ditadura, e da derrocada do neoliberalismo ao modo do Consenso de Washington, ressurgiram novas versões do desenvolvimentismo no Brasil. Posteriormente à abertura comercial e financeira, ocorrida principalmente nos anos 1990, e seus efeitos econômicos e sociais, nos anos 2000, houve uma retomada do crescimento econômico associado nesse momento à melhoria da distribuição da renda, resultantes de práticas e políticas desenvolvimentistas[13].

De modo semelhante ao relatado por Celso Furtado, em sua carta a Darcy Ribeiro (em 1970), novamente, durante o governo petista tivemos um novo momento de relativa liberdade no país, com a ascensão de partidos progressistas e de possibilidades de tornar o Brasil mais justo e menos

---

13 L.R. Soares, O Neoliberalismo e Sua Impossibilidade de Solucionar os Problemas Ambientais, *Revista Fim do Mundo*, v. 1, p. 53-74.

desigual. Seguramente, as políticas desenvolvimentistas – tanto em sua versão social quanto novo-desenvolvimentista[14] – foram relevantes para alcançarmos elevadas taxas de crescimento do PIB, do salário mínimo real, saldo positivo em transações correntes entre 2003 e 2007 (período mínimo que não ocorria desde 1947[15]), elevados superávits da balança comercial e uma posição entre as oito maiores economias do mundo, em termos de PIB.

No entanto, entre 2014 e 2016, o país entrou em uma recessão econômica, da qual ainda não se recuperou, e em 2016 ocorreu o *impeachment* da presidente Dilma Rousseff, acusada de crime de responsabilidade que não foi comprovado, e assim se concretizou o novo percurso de intensificação de políticas neoliberais/conservadoras no Brasil[16]. Com isso, em 2018 verificou-se a ascensão da extrema direita ao poder, com graves consequências quanto à desigualdade social, à pressão ambiental, entre outros, e com a ampliação das fragilidades da democracia brasileira. Mais uma vez, as palavras de Furtado se concretizaram, no tocante às limitações da democracia no país.

E chegamos à terceira década do ano 2000 e um Brasil: com mais de 19 milhões de brasileiros passando fome[17]; com a maior concentração de renda do mundo em 2022[18]; profunda desigualdade de renda, de gênero e de raça; de modo semelhante à década de 1950, periférico como grande produtor e exportador de produtos primários de

14 Ver R. Carneiro, Velhos e Novos Desenvolvimentismos, *Economia e Sociedade*, v. 21, n. especial, p. 749-778; T.D. Lima et al., Do Estruturalismo ao Neodesenvolvimentismo: Avanço e Retrocesso, *Cadernos de Economia*, v. 22, p. 29-46.

15 IPEA, Dados Econômicos, Financeiros e Demográficos, disponível em: <http://www.ipeadata.gov.br>.

16 Ver L.R. Soares, Intensificación de La Presión Ambiental en Brasil en el Período de Recesión Económica, em A.A. Alonso; J.C.S. Macher; F. Zuberman (Coords.), *Economía Ecológica Latinoamericana*, p. 224-255.

17 Ver R.S.J. Maluf, Insegurança Alimentar e Covid-19 no Brasil, *Rede Brasileira de Pesquisa em Soberania e Segurança Alimentar e Nutricional*.

18 Ver Credit Suisse Research Institute/UBS, *Global Wealth Report 2023*.

baixo valor agregado, mas agora de minério de ferro, soja e outros; com a mesma participação da indústria no PIB que em 1947 (IPEA, 2022), devido ao processo de desindustrialização, e várias outras consequências.

Este Brasil está distante de se realizar como no ideário de Darcy Ribeiro, o sonho de um país mais justo, igualitário, que respeite seus povos, que valorize suas riquezas e peculiaridades. Diante dos novos desafios do mundo, de financeirização[19], de um contexto global de mudanças climáticas e suas consequências socioambientais, do aumento do desmatamento no país, da ampliação contínua da monoprodução (devido a maior especialização na produção de *commodities*), com uma lógica destrutiva de territórios, em especial, de populações indígenas e quilombolas, o pensamento de Darcy se faz muito necessário no Brasil atual, seja no Congresso e Senado nacional, seja no espírito do povo brasileiro – este que parece não ter mais forças para lutar e se mantém aprisionado na mistificação das forças operantes.

Para além das críticas ao nacional desenvolvimentismo, precisamos do entusiasmo, do conhecimento e do respeito de Darcy sobre seu continente, povos e peculiaridades do Brasil, de sua intensa vontade de ter uma democracia inter-racial mais igualitária e justa, para vislumbrar e lutar por uma sociedade melhor, para pensar em um projeto original de Brasil.

---

19 Ver L.R. Soares, A Lógica do Capital Fictício e a Crise Ecológica, XXVIII Encontro Nacional de Economia Política, *Anais do XXVIII Encontro Nacional de Economia Política – Ameaças à Democracia Brasileira no Século 21*.

5. O QUE O BRASIL PODE SER: REFORMA E REVOLUÇÃO NA OBRA DE DARCY RIBEIRO

Jones Manoel

Darcy Ribeiro foi um dos intelectuais e líderes políticos mais importantes da história do país. Foi senador, ministro de Estado (da Educação e da Casa Civil), vice-governador do Rio de Janeiro, secretário de governo e candidato à vice-presidência da República. Um dos pensadores brasileiros mais lidos no mundo, com atuação intelectual e política destacada no Chile, Peru, Argélia e vários outros países. Darcy também foi, no pós-ditadura empresarial- -militar, o principal intelectual do trabalhismo, corrente teórico-política que disputava a liderança da esquerda brasileira no período da democratização burguesa.

A despeito dessa brilhante trajetória política e intelectual, as novas gerações conhecem pouco da obra de Darcy Ribeiro. As tendências teórico-políticas dos últimos trinta anos negativam tudo que era central na obra de Darcy Ribeiro. O mineiro de Montes Claros expressava um apaixonado compromisso de classe com o povo brasileiro, um lúcido e necessário nacionalismo anti-imperialista, uma pretensão científica de explicar o Brasil como um todo e uma postura ético-política de ódio e nojo às classes dominantes do país.

Darcy, em *O Povo Brasileiro*, reafirmou a confissão do seu maior pecado, à luz do que são as ciências humanas no Brasil de hoje: "além de antropólogo, sou homem de fé e de partido. Faço política e faço ciência movido por razões éticas e por um fundo patriotismo. Não procure, aqui, análises isentas"[1].

É indispensável que as novas gerações conheçam a ousadia, criatividade e inventividade intelectual e política de Darcy. É preciso, em especial, recuperar a paixão por mudar o Brasil, o compromisso ético com a classe trabalhadora e a radicalidade de mostrar que o país nunca poderá florescer enquanto for comandado por essa classe dominante infecunda e cobiçosa.

Ao mesmo tempo, mergulhar na obra de Darcy não é exatamente uma tarefa fácil. O maior antropólogo da nossa história tem uma produção gigantesca, composta por centenas de livros, artigos, discursos, conferências e afins. Não temos pretensão de realizar um balanço sistemático e exaustivo de como Darcy formulou a dialética entre reforma e revolução em sua obra. Nosso objetivo, bem mais modesto, será outro.

Buscaremos mostrar como, a partir da sua teoria do Brasil, Darcy compreende a incapacidade histórico-estrutural da classe dominante brasileira de fazer do país uma civilização próspera, igualitária e com dignidade para o povo trabalhador. A partir disso, traçar, em algumas obras do autor, como a problemática de reforma e revolução aparece a depender da conjuntura e época histórica, mas

1 *O Povo Brasileiro*, p. 15.

74

sempre com um fio de coerência: o Brasil nunca realizará suas potencialidades enquanto for comandado por sua classe dominante.

Uma Antropologia Histórico-Cultural da Dependência

Darcy Ribeiro viveu o auge dos debates sobre a controvérsia da dependência e viu de perto a formulação da Teoria Marxista da Dependência (TMD) – Theotônio dos Santos, um dos fundadores da TMD, era seu companheiro de partido no PDT, no pós-ditadura empresarial-militar. Darcy intervém no grande debate latino-americano sobre o tema, a partir de uma antropologia histórico-cultural sobre a situação de dependência, formulando categorias em alto grau de abstração e com longo alcance histórico, buscando compreender a América Latina como um todo a partir de um esforço de produção de uma teoria da civilização.

Nos fundamentos dessa proposta de interpretação da dependência aparecem duas categorias centrais: *aceleração evolutiva* e *atualização histórica*. A primeira categoria diz respeito a povos que, "dominando autonomamente a nova tecnologia, progridem socialmente, preservando seu perfil étnico-cultural e, por vezes, o expandindo sobre os outros povos, na forma de macroetnias"[2]. Já a segunda busca apreender a realidade que prevalece "no caso dos povos que, sofrendo o impacto de sociedades mais desenvolvidas tecnologicamente, são por elas subjugados, perdendo sua autonomia e correndo o risco de ver traumatizada sua cultura e descaracterizado seu perfil étnico"[3].

Darcy pensa a história moderna como ciclos de revoluções tecnológicas e os processos civilizatórios pelos quais "se propagam seus efeitos e que correspondem aos principais movimentos da evolução humana"[4]. Os povos

2 *As Américas e a Civilização*, p. 34.
3 Ibidem.
4 Ibidem, p. 33.

que não conseguem dominar a vanguarda das revoluções tecnológicas de suas épocas acabam subjugados por um poder econômico, militar e tecnológico superior. Essa subjugação produz uma readequação violenta da dinâmica societária que cria estruturas de subalternização permanentes, garantindo os interesses da metrópole. O antropólogo sintetiza esse processo da seguinte forma:

O processo global que descrevemos com esses conceitos é o da expansão de novas civilizações sobre as amplas áreas, através da dominação colonial de territórios povoados ou da translação intencional de populações. Seu motor é um desenvolvimento tecnológico precoce, que confere aos povos que o empreendem o poder de impor-se a outros povos, vizinhos ou longínquos, submetendo-os ao saqueio episódico ou à exploração econômica continuada dos recursos do seu território e do produto do trabalho de sua população.[5]

Nesse sentido, os povos em condição de atualização histórica participam das revoluções tecnológicas e produtivas de cada época, mas não o fazem como guia, organizador ou vanguarda do processo. Não são protagonistas, mas coadjuvantes de um enredo que não controlam. Essa posição estrutural condiciona um tipo específico de modernização: a *modernização reflexa*. A modernização dos povos em condição de atualização histórica acontece de acordo com os interesses e necessidades da metrópole: uma modernização contraditória, incoerente, limitada. Um tipo de modernização sem mudança, na qual o povo trabalhador não usufrui dos seus resultados e o país, como um todo, segue na condição de dependência. Essa modernização reflexa se expressa em todas as dimensões da vida nacional e produz cenas trágicas e aberrantes, como uma população semianalfabeta, sem acesso à água potável e com alimentação precária, consumindo celulares ultramodernos que não produzimos nacionalmente.

5 Ibidem, p. 35.

Um país incorporado ao sistema mundial na condição de atualização histórica, vivendo ciclos permanentes de modernização reflexa, existe como *proletariado externo* para o mercado mundial e sem organizar-se para si mesmo. Damos a palavra ao mineiro que mistura precisão teórica e ardente repulsa à situação do país:

O Brasil jamais existiu para si mesmo, no sentido de produzir o que atenda aos requisitos de sobrevivência e prosperidade de seu povo. Existimos é para servir a reclamos alheios. Por isso mesmo, o Brasil sempre foi, ainda é, um moinho de gastar gente. Construímo-nos queimando milhões de índios. Depois, queimamos milhões de negros. Atualmente, estamos queimando, desgastando milhões de mestiços brasileiros, na produção não do que eles consomem, mas do que dá lucro às classes empresariais. Não nos esqueçamos de que o Brasil foi formado e feito para produzir pau--de-tinta para o luxo europeu. Depois, açúcar para adoçar as bocas dos brancos e ouro para enriquecê-los. Após a independência, nos estruturamos para produzir algodão e café. Hoje, produzimos soja e minério de exportação. Para isso é que existimos como nação e como governo, sempre infiéis ao povo engajado no trabalho, sofrendo fome crônica, sempre servis às exigências alheias do mercado internacional.[6]

Mas, para Darcy, não são todos os seus compatriotas que são vítimas dessa condição de proletariado externo. A classe dominante brasileira, embora subordinada ao imperialismo, é parte orgânica e acomodada a esse processo espoliativo, dançando confortavelmente a música da dependência. A obra de Darcy Ribeiro pode ser vista, também, como um eterno canhão apontado para a classe dominante brasileira. O antropólogo passou a vida denunciando a incapacidade sistemática e irrecuperável da burguesia para conduzir a libertação do país da dependência e do subdesenvolvimento, redimindo e fazendo florescer o povo brasileiro.

Para Darcy Ribeiro, a nossa dependência tem dois atores centrais: "dominação externa" e o "papel constritor

6 *O Brasil Como Problema*, p. 46-47.

das classes dominantes internas"[7]. Desde o período colonial até hoje, a elite interna, irmanada em interesse com a metrópole do momento, nunca fez nada pela emancipação nacional. Essa elite nacional é um corpo de duas cabeças: patronato e patrícios. O patronato é composto pelos proprietários dos meios de produção: banqueiros, latifundiários, mineradores, industriais, grandes varejistas, monopólios da comunicação etc. O patriciato forma o estrato gestor dos principais aparelhos do Estado e da política: ministros, lideranças partidárias, generais, senadores, governadores, juízes, bispos, grandes administradores etc.:

às vezes tornam-se ambíguos, como no caso de empresários bem-sucedidos, que entram na política para exercer mais plenamente sua vontade de poder e de riqueza. Ou no dos patrícios, que exercem seus cargos para enriquecer, a fim de ingressarem no patronato. Mesmo quando distinguíveis, eles são essencialmente solidários, porque a função efetiva do patriciato é a ordenação legal e jurídica da sociedade, seu governo e a manutenção da ordem, para que o patronato possa exercer livremente sua função de gestor da economia[8].

Para Darcy, o problema não era partido A ou B; fulano, sicrano ou beltrano na presidência. O problema do Brasil, o que mata o florescimento da "Nova Roma", são os dois pés pisando no nosso pescoço, impedindo-nos de levantar e respirar: a dominação externa (imperialismo) e a dominação interna (do patronato e patriciato). Superar esse estado de coisas, organizar o Brasil para si mesmo, fazer com que este país deixe de ser um moinho de gastar gente, passa por articular um movimento político que seja, ao mesmo tempo, anti-imperialista e contra a classe dominante interna. Uma revolução, portanto, já que, até hoje, não se conhece outro jeito de substituir a classe no poder.

Darcy, em vários momentos de sua obra, aponta um único caminho para superar a dependência. Diz no livro

7 *As Américas e a Civilização*, p. 43.
8 *O Brasil Como Problema*, p. 41.

O Dilema da América Latina – lançado depois do golpe contra o governo João Goulart – que, frente ao projeto capitalista de desenvolvimento dependente, temos como a "única alternativa possível" um "projeto socialista de desenvolvimento autônomo". Em outro momento da obra, fala que a atração que o modelo socialista-revolucionário exerce no Terceiro Mundo como saída para o subdesenvolvimento, é "sua única saída porque, por um lado, só ele atende aos requisitos de ruptura simultânea com a dependência externa e a dominação classista interna indispensável para empreender o desenvolvimento autônomo"[9].

Na sua maior obra, no livro que lutou para lançar ao mundo antes de morrer, no auge do neoliberalismo, Darcy também volta ao tema da revolução. Diz ele em *O Povo Brasileiro*:

> Não é impensável que uma reordenação social se faça sem convulsão social, por via de um reformismo democrático. Mas é muitíssimo improvável neste país em que uns poucos milhares de grandes proprietários podem açambarcar a maior parte de seu território, compelindo milhões de trabalhadores a se urbanizarem para viver a vida famélica das favelas, por força da manutenção de umas velhas leis. Cada vez que um político nacionalista ou populista se encaminha para revisão da institucionalidade, as classes dominantes apelam para a repressão e a força.[10]

Poderíamos citar vários outros trechos falando de revolução, incapacidade de superar a dependência no sistema capitalista e os limites do reformismo. A questão central, porém, é não induzir o leitor ao erro. Isso significa que Darcy Ribeiro desconsiderava a luta por reformas e transformações parciais? De maneira alguma. Precisamos falar agora do papel da luta por reformas no pensamento teórico-político de Darcy Ribeiro.

9 *O Dilema da América Latina*, p. 58, 125.
10 Introdução, p. 22.

Uma Coerência Incoerente:
Darcy Ribeiro em Tempos do Possível

O mineiro de Montes Claros era militante do Partido Comunista Brasileiro – PCB. Com o suicídio de Getúlio Vargas e a famosa "Carta Testamento", Darcy rompe com o PCB e se aproxima do trabalhismo que toma forma. Em várias entrevistas, como suas históricas participações no programa *Roda Viva*, Darcy fala que abandonou a revolução sonhada pelo PCB e foi buscar transformações visíveis, próximas do toque das mãos, apresentadas pelas correntes nacionalistas e os herdeiros de Getúlio Vargas. Trabalhou com Juscelino Kubitschek, João Goulart e Leonel Brizola.

Do suicídio de Getúlio Vargas até o Golpe empresarial-militar de 1964, veremos Darcy Ribeiro maldizendo as esquerdas que pressionavam o governo João Goulart, que não entendiam os limites da correlação de forças, que achavam que era impossível criar uma escola e universidade realmente popular no capitalismo e que contribuíam para enfraquecer o governo Jango. Também é possível ver o mesmo Darcy Ribeiro afirmando que o governo Jango caiu porque não era revolucionário e não teve, por isso, condições de barrar a contrarrevolução, ou fazendo uma teorização sobre os limites dos governos reformistas de toda a América Latina (nas décadas de 1950, 1960 e 1970). É possível, no mesmo Darcy, achar críticas com aparência de moderação, contestando os "radicais" que pressionaram Jango à esquerda; e ver análises como essa, numa carta para o cineasta Glauber Rocha:

Tudo isso significa que Jango não foi o protagonista, nem a vítima. O ator e mártir foi o povo, que perdeu uma rara oportunidade de libertação no seu esforço secular para romper com a rede constritora que o fez crescer deformado. Os derrotados fomos todos nós, como uma esquerda que não estava à altura do desafio histórico que enfrentava e que ainda hoje não o está porque continua dividida, perplexa, incapaz de formular um projeto de revolução que, infundindo confiança, nos permita operar no futuro como uma vanguarda de uma massa real e existente que é, afinal, quem fará a revolução necessária.[11]

O roteiro se repete no período da redemocratização. Depois de várias afirmações de que era impossível superar a dependência no capitalismo, veremos Darcy Ribeiro, ao lado de Leonel Brizola, lutando por um governo popular e nacionalista que conseguisse, ao mesmo tempo, enfrentar expressões mais agudas da dependência – como a fome, o desemprego em massa e a ausência de escola digna e honesta para todas as crianças do Brasil. O Darcy que condenou essa ordem injusta que prende o Brasil à condição de proletariado externo se entusiasmava com a possibilidade de salvar algumas crianças do moinho de gastar gente. Brilhava o olho com a chance de reformar algumas universidades e construir outras, adaptadas ao Terceiro Milênio, ainda que o sistema universitário nacional continuasse longe da universidade necessária. Brigava com toda coragem por governos que garantissem três refeições ao dia para todos os brasileiros, mesmo sabendo que isso não significava, necessariamente, derrotar e tirar do poder o patronato agrário.

É ilustrativo o exercício de comparar a formulação de Darcy Ribeiro em *O Dilema da América Latina* e *As Américas e a Civilização* com *O Brasil Como Problema* e cotejar com o livro *Confissões*. É um vaivém de radicalidade mais forte ou mais fraca. Às vezes, destaca os limites assustadores para qualquer mudança social na ordem capitalista dependente. Outras vezes, agarrado com paixão a qualquer possibilidade de mudar, nem que seja um pouco, as condições imediatas de vida do povo brasileiro.

Incoerência? Sim e não. Darcy gostava de falar dos seus fazimentos. Fazer a UnB, o Museu do Índio, os Cieps, a Universidade Estadual do Norte Fluminense, o Sambódromo, o Memorial da América Latina e tantas outras coisas. Gostava de colocar a mão na massa. De ser um

11 *Tempos de Turbilhão*, p. 224.

gestor público, um intelectual que pensa e faz, reflete e comanda. Se agarrava a cada oportunidade de fazer algo, abrir novas possibilidades, mudar o marco de políticas públicas na educação, cultura, questão indígena e afins. Era tentado, como se puxado por um ímã irresistível, a se aventurar na prática sempre que a oportunidade aparecia.

E a cada nova derrota, no final, depois de enfrentar com fúria e toda verve os críticos que diziam não ser possível tal ou qual reforma no capitalismo, Darcy Ribeiro, normalmente com mais genialidade que seus contendores, falava sobre o caráter brutal, indigno e infecundo da classe dominante e a incapacidade de realizar as reformas necessárias de que o Brasil precisava. Para fazer reformas? Só com a revolução.

Uma análise fria, na textualidade das obras, vai sim achar incoerência. Uma análise mais viva, apreendendo a personagem nos seus momentos históricos da luta de classes, vai perceber um Darcy Ribeiro que era um profeta da revolução, mas que se negava a ficar afastado do povo trabalhador apenas pregando a boa nova. Se o povo brasileiro que ele tanto amava, naquele momento, podia no máximo oferecer um governo nacionalista, lá estava Darcy. Se o limite fosse, quem sabe, um governo do PMDB, mas com alguma preocupação nacional e de soberania, também ali estaria Darcy Ribeiro em algum dos seus fazimentos.

A realidade é que a obra de Darcy Ribeiro é, ao mesmo tempo, um mosaico para todos os gostos políticos. É possível, para um marxista, como o caso do autor deste texto, sustentar uma teoria da Revolução Brasileira só com a obra de Darcy; e é possível, também, para um social-democrata ou reformista, sustentar sua proposta só com a obra de Darcy. Tem Darcy Ribeiro para leninistas ou getulistas. Admiradores de Ernesto "Che" Guevara ou de João Goulart. Defensores da luta armada ou adeptos do caminho institucional para mudar o Brasil.

Esse passear na conjuntura ajuda a explicar um pouco o destino do legado teórico e político de Darcy Ribeiro hoje. Com o trabalhismo morrendo como corrente política nacional com peso de massas ao final da década de 1990, não existia mais um campo político reivindicando Darcy como seu principal formulador. Os reformistas têm outros pensadores. Não querem saber de Darcy – talvez o considerem radical demais. Os revolucionários, pouco afeitos a pensadores nacionais, também não querem saber muito de Darcy – radical de menos, quem sabe. E, no final, nesses anos de Nova República, não tivemos nem Reforma e muito menos Revolução. O Brasil segue um moinho de gastar gente. Tudo segue mais ou menos igual ou pior, com a grande diferença de que agora temos mais termos em inglês no nosso dia a dia: o latifúndio virou *agribusiness*; o especulador virou *trader* do mercado financeiro; a produção de produtos primários virou *commodities*; e a miséria e superexploração de sempre aparece encapsulada em algum conceito da moda: precariado, ralé, aporofobia, despossuídos, multidão, necropolítica e afins.

Contudo, novamente, não quero induzir o leitor em erro. Seria um engano dizer que a obra de Darcy Ribeiro varia totalmente de acordo com a conjuntura e o momento da luta de classes. Para além dos fundamentos sólidos e duradouros de sua teoria do Brasil e do processo civilizatório, temos elementos diretamente políticos que nunca mudaram, a despeito da conjuntura. O mineiro, afinal, era um homem de princípios. Vamos falar do maior princípio de Darcy, o primeiro mandamento das suas doze tábuas.

Um Homem de Coragem – Uma Conclusão

Hoje, no Brasil, ser de esquerda significa um campeonato para ver quem agrada mais a classe dominante. As chamadas "lideranças progressistas" repetem como papagaios palavras como diálogo, democracia, Estado de direito, defesa da democracia, diálogo (sim, diálogo de novo, afinal, eles não cansam de repetir isso), entendimento, moderação. A tragédia é sempre a mesma. O líder antes mais "radical" ou com princípios, um belo dia, em nome da maior competitividade eleitoral, resolve se moderar, apostar mais no diálogo, ter melhor trânsito com figuras do "mercado".

De Luiz Inácio Lula da Silva, passando por Marcelo Freixo e chegando até Guilherme Boulos, todos eles, no final, viram "homens do diálogo". No máximo, em períodos eleitorais, maldizem os bancos, o agronegócio, a mídia burguesa, os especuladores. Passada a eleição, o discurso muda, a covardia e o estelionato eleitoral assumem ares de ciência política – correlação de forças desfavorável, minoria no Congresso, a mídia burguesa atuando como mídia burguesa, a água é molhada, o céu é azul e tantas outras banalidades – e tudo muda para tudo seguir igual.

Darcy Ribeiro, mesmo nos seus períodos "mais reformistas", nunca deixou de denunciar e acusar a classe dominante. Nunca tentou um entendimento com os donos do poder e da riqueza. Sabia, por experiência e por saber teórico, que não existe jeito de convencer ou pactuar com o patronato, patriciato e imperialismo mudanças em prol do povo trabalhador. Darcy era coerente. Tinha princípios. E seu princípio maior era uma constante pedagogia política e teórica contra a classe dominante.

Em um famoso discurso, o antropólogo disse que perdeu em todas as causas a que dedicou a vida, mas odiaria estar ao lado dos que venceram. Darcy perdeu, mas só tinha chance de ganhar com a maioria do povo brasileiro movendo-se contra a classe dominante. Na lógica da conciliação de classes, no programa dos "homens do diálogo", não temos chance nenhuma de ganhar. Nem reforma; nem revolução. No máximo, políticas públicas limitadas, descontínuas, que caem com uma simples mudança de governo. Somos como uma criança jogando *video game* com o controle desconectado do console.

Seja em tempos de reforma ou de revolução, em cargo institucional ou não, Darcy não abria mão de denunciar apaixonadamente o moinho de gastar gente. Essa postura, uma espécie em extinção na fauna política brasileira, faz do mineiro não só um grande pensador, alguém que lemos para aprender, mas também um exemplo, uma inspiração, uma lembrança de que podemos e devemos fazer mais. Podemos e devemos enfrentar o poder dos descendentes dos senhores de escravos. Os filhos e filhas da elite que queimou milhões de indígenas e negros para adoçar a boca de europeu com açúcar brasileiro.

Em 1985, no discurso de posse do reitor da UnB Cristovam Buarque, disse Darcy Ribeiro:

Quero dar meu testemunho, amigos queridos: andei pela terra, conheço o mundo, vi com meus olhos que não há província mais bonita que o Brasil. Conheço bem o povo brasileiro, até como antropólogo posso dizer a você que não só a terra é boa como o povo é ótimo. O ruim aqui são os ricos. Os bonitos, os educados. Sinto na ponta dos dedos, se estico as mãos, que em tempos previsíveis e breves se pode criar aqui um país próspero e solidário. Temos todas as possibilidades de fazer com que o Brasil dê certo. A condição é proibir o passado de se imprimir no futuro. É interromper a dominação hegemônica e pervertida de nossa classe dominante infecunda.[12]

Seja revolucionário, seja reformista, o mínimo que devemos cobrar é a clareza – histórica, teórica, política e ética – de que, com essa classe dominante, o Brasil será exatamente o que é hoje: um país triste, com um povo miserável e uma eterna miragem do que pode ser. Um inferno para as maiorias e um paraíso luxuoso para a burguesia, o capital estrangeiro e os modernos capitães do mato (CEO, em tique anglófono). Bem, é possível mudar tudo isso. Darcy acreditava. Eu também. O começo de tudo, o primeiro passo, é sentir ódio e nojo à burguesia brasileira. O resto – e o resto é tudo! –, acertamos pelo caminho. O Brasil dará certo!

12 *O Brasil Como Problema*, p. 245.

6. DARCY RIBEIRO E KRENAK: DIÁLOGOS POSSÍVEIS E DIFERENÇAS NO TEMPO PRESENTE?

Ailton Krenak

Eu tenho a impressão de que todos e todas que estão aqui presentes têm alguma afeição por Darcy, por sua obra e pelo vulto desse brasileiro fora da curva. Imagina para mim o privilégio de estar refletindo sobre um aspecto da obra e da vida de Darcy, de seu vulto na nossa história, sobretudo no contexto da América Latina, na sua relação com outros pensadores da época e de gente que teve o mesmo peso diante de um continente colonizado e plasmado pelo colonialismo (já que os pensadores daqui não podiam ter ideias próprias). Os pensadores da América Latina, aliás, evitavam ter ideias próprias porque isso impediria que eles dialogassem com aquilo que era a produção moderna ou contemporânea em um mundo definido por publicações em inglês, francês e alemão e bibliografias grandiosas que não apresentavam latino-americanos.

Darcy Ribeiro aparece entre os grandes pensadores da América Latina. Há uma pessoa que nem é tão conhecida no Brasil, o Aníbal Quijano, que é um autor da estatura de Darcy e que assolou o pensamento branco colonial dizendo que a invenção colonial é um propósito, e não um acidente na história. Ela é um propósito, é uma ideologia que tem clara determinação de impedir outras narrativas e outras histórias sobre nós mesmos.

Esses grandes pensadores, do México, Peru, Colômbia, Chile e Argentina, despontaram ali pelas décadas de 1930 e 1940 – alguns deles na literatura, como José Maria Arguedas –, porque diziam que na América Latina havia uma constelação de povos com capacidade narrativa e histórias instituídas que eram anteriores à contação de história dos brancos. Não há outra possibilidade: isso foi uma ofensa.

Quando Darcy cogitou de uma ideia de povos-testemunhos, dentre os quais ele incluía os maias, os astecas, os toltecas e os povos da mesoamérica, estava confrontando a narrativa instituída. Estamos olhando agora uma história muito antiga, uma história de quando a Europa tinha uma arrogância de contar a história do mundo na perspectiva de que tudo aconteceu a partir dela. O eurocentrismo instituído determinou que esses possíveis povos que tiveram culturas na América Central, nos Andes, deveriam ser ignorados por serem primitivos. Era a forma dos europeus de negar histórias coincidentes no tempo, contemporâneas dos eventos mais importantes deles na Europa.

Diziam que esses povos não tinham escrita, que eles não tinham história. Seria mais ou menos como um cego chegar diante de um texto e afirmar que quem fez aquele texto não tinha escrita. As estelas maias, as inscrições e os relevos são textos, mas textos para pessoas que têm uma visão aberta, uma cosmovisão. Para quem vive uma visão exclusiva de si, ali não tem nada escrito, nada!

Demorou até o século xx para que a Europa diminuísse um pouco a sua arrogância em negar a antiguidade histórica dos povos da América Central. Mas eles continuaram repetindo o mesmo papo furado sobre os povos das Terras Altas, sobre a bacia amazônica, sobre regiões da América do Sul, imprimindo-lhes a marca de último reduto de povo primitivo. Por exemplo, insistir em uma antropologia retardada que sugere que os ianomâmis são um povo primitivo.

Só agora eles estão lendo *A Queda do Céu*, do Davi Kopenawa, em alemão, italiano, inglês, holandês e francês, neste momento em que "as universidades vetustas da Europa", como diria Darcy Ribeiro, estão começando a entender que já havia um pensamento há dois, três, quatro mil anos[1]. Um pensamento que coincide com as esferas de que Darcy Ribeiro tratou em suas obras, acerca dessa região do mundo, e nas quais se referia a esses povos como *testemunhos*. É genial o fato de ele ter pensado que havia uma humanidade que testemunhou a história colonial de um outro lugar, que a testemunhou como se estivesse olhando de fora da história. Já que eles foram postos fora da história, resolveram fazer uma espécie de cadernos de anotações para os cegos verem. E esses cadernos de anotações vão dizer que em períodos de 2800, 3000, 4600 anos atrás, culturas sofisticadas construíram dutos, aparelhos de leitura do Sol, sistemas sociais complexos que não incluíam a escravidão.

Uma coisa que Darcy sempre elogiou nos traços desses povos antigos é que eles não tinham vocação para escravizar o outro. É como se existisse uma declaração de uma alteridade radical. O outro é o outro e como ele é o outro eu não posso escravizá-lo, comê-lo, eu não posso lê-lo de uma maneira chapada, achando que ele é uma cópia minha. Agora, aqueles brancos europeus que vieram para cá – tem até a metáfora do espelho, da troca

---

1 Ver D. Kopenawa, *A Queda do Céu*.

de espelho com os índios –, eles eram tão cretinos que achavam que *a gente* tinha que ser a imagem e semelhança deles, da sua boçalidade, assim como eles eram a imagem e semelhança do Deus que os havia criado. Sim, a narrativa desses primitivos europeus diz que um Deus os criou à sua imagem e semelhança.

Os primitivos brancos europeus criaram mitos sobre si mesmos. O Deus branco os criou brancos para que eles pudessem governar o mundo dos outros. Os povos ancestrais que aqui habitavam, aos quais Darcy dedicou grande parte da sua inteligência para traduzir e compreender (a ponto de existir uma imagem dele e de Berta, pintados em arte kadiwéu, retratando sua visita à Serra da Bodoquena, Mato Grosso do Sul), faziam inscrições no rosto das pessoas, no corpo das pessoas. Um grafismo que contava uma história e entregava uma genealogia.

Quem é aquele sujeito? De onde ele veio? Qual a ascendência dele? A que clã ele pertence? Todos os atributos estavam escritos na cara do povo.

Berta, vale notar, mereceria outra fala, somente sobre ela. Berta Ribeiro é um ser maravilhoso que não deveria de maneira nenhuma dormir à sombra da árvore de Darcy, porque ela é uma árvore também. Eu tive uma alegria imensa de conhecer a querida professora Berta – que me acolheu já ao fim da sua jornada como professora e ativa intelectual –, quando ela estava organizando uma exposição sobre Amazônia e quis conversar comigo sobre como resolver a parte iconográfica da exposição. Berta me deu o privilégio de discutir como seria o memorial dos povos indígenas que seria, e foi, construído em Brasília, aquele prédio que Darcy pediu a Niemeyer para desenhar e ele o desenhou sem saber para quê. Amigos são assim.

Quando conheci a figura de Darcy, eu o achei um sujeito extraordinário. Eu estava ativo, era um rapaz pensando no movimento indígena; já ele, estava exilado. A sua obra já era muito respeitada e todo mundo que se achava esperto queria ter lido alguma coisa dele. O livro *Maíra* foi um sucesso retumbante, e isso era muito curioso, porque aquele era um livro para ser lido na universidade. Ele começava fazendo uso de estruturas de análise antropológicas, etnográficas, mostrando como se estabelece uma genealogia. Lá estão os desenhos do clã. Aquele livro era capaz de inventar um povo inteiro e, ainda por cima, inventar o clã que ele quisesse.

Darcy, além daquele desejo de ser imperador do Brasil, também tinha uma vocação para ser demiurgo, para ser meio deus, inventando coisas. Ele gostava disso, e isso está presente em sua obra porque ele não escondia sua pretensão. Darcy era uma casa que não tinha vergonha de ser inteligente. Muitos de nós temos vergonha de ser inteligentes. Nós pensamos: "Eu não vou falar isso, não, porque eles vão achar que eu sou inteligente demais. Depois eles vão me comer." Passamos por medíocres para permanecermos vivos.

Darcy foi exilado, foi embora, fez-se de morto, voltou e, junto com o Brizola, elegeu Mário Juruna como deputado federal do Rio de Janeiro. O pessoal do Rio nem sabia quem era o Mário Juruna e o elegeram deputado federal. Ele falava xavante, não falava português, e o Darcy o botava em cima de um palanque, fazia um discurso apresentando Mário e o povo votava nele. Darcy era assim, um sujeito totalmente criativo, imprevisível e mágico.

Quando fui convidado a falar sobre ele, fiquei pensando qual prisma dele eu iria ressaltar. Ressaltaria aquele prisma que é muito surpreendente – e que chega a ser engraçado e irreverente –, que gosta de ser homenageado por escola de samba? Ou aquele Darcy que corta reto e denuncia a vocação colonialista do nosso país? Que fala da habilidade de se moer carne de negros e de índios, a ponto de reportar quantos milhares desses corpos foram moídos?

O Darcy que mostra esse gesto de moer, um gesto que imita também a maneira do tipiti, aquele instrumento de botar a massa da mandioca e ficar até rasgar e restar só o bagaço – da mandioca e desse povo indígena e negro. O bagaço de um período colonial que encheu a

Europa de ouro, para encher a pança da Europa, diria Darcy. Um período que encheu tanto a pança da Europa que ela ficou tão rica que conseguiu se industrializar, se armar até os dentes e entrar no século XXI botando em risco a vida no planeta.

Esse monstro pançudo que come ouro, come pedra, come pau, come floresta e come tudo que encontra pela frente... É assim que Darcy, que nasceu em Montes Claros, olhava em volta de si e falava de um mundo que, junto com Drummond, ele viu ruir. Darcy e Drummond são profetas de uma certa humanidade instituída em um continente remoto na América do Sul. Eram homens capazes de ler a vocação dos humanos e interpretar o desprezo desse tipo de humanidade pela terra. Desprezo. Drummond diz, no seu poema "O Homem; As Viagens", que o homem é um bicho pequeno na Terra que se enjoa da vida e inventa uma máquina para ir para o espaço. De outra maneira, Darcy também denuncia esse homem pequeno que se enjoa da vida na Terra e que quer comer ouro.

Essa peste que, quando não está fugindo da órbita da Terra, está comendo ouro. Eu pensei que eu fosse contar para vocês as relações que existem entre dois pensadores de grande estatura, sendo um deles Florestan Fernandes e o outro Darcy Ribeiro. Mas vi que esqueci Florestan na beira da estrada e eu vou ter que voltar lá para pegá-lo. O que tem a ver relacionar a obra de Darcy Ribeiro com Florestan Fernandes? Os dois pensavam a ideia de um país com contornos parecidos com isso que é o mapa do Brasil: Tratado de Tordesilhas, herança portuguesa, pretinha andando debaixo da mesa, tapa na bunda das mulheres pretas sendo assediadas, cafuné nas mulheres índias e muito sexo com essas mulheres nas redes, nos quartos e beiradas para fabricar o Brasil. Todos os dois. De repente, podem falar: "Eles eram machistas pra caramba, né? Que caras machistas." Podem falar, mas precisam perguntar também: de que mundo eles vieram? Qual foi o mundo que produziu sujeitos como Darcy Ribeiro e como Florestan Fernandes?

Foi exatamente o mundo machista, o mundo patriarcal, chauvinista e que achava que só homem branco podia dar ordem enquanto o resto calava a boca (inclusive as mulheres brancas). Muitos de vocês que têm menos de cinquenta anos devem ficar escandalizados com o vulto de pessoas com essa qualidade de pensamento e achar que elas eram pré-históricas. Não, elas foram a imagem e semelhança dos caras que fundaram essa república brasileira com as características herdadas: fascista, patriarcal e hipócrita. "Gente hipócrita, gente estúpida", como canta Gilberto Gil. Então, de onde veio a herança fascista do Brasil? Ela é indígena?

Florestan Fernandes fala. Ele diz que nós temos em nossa história o matriarcado tupinambá. O matriarcado do povo tupinambá (que ocupou a costa atlântica desde Paranaguá até o Maranhão) era governado por um sistema em que as mulheres marcavam os ritos que constituíam aquela sociedade que, Florestan dizia, tinha a guerra como modo de reprodução social. O clássico livro de Florestan Fernandes fala que a sociedade tupinambá tinha um matriarcado. Se tínhamos um matriarcado aqui, como foi a chegada dos brancos com aquele papo todo, encontrando mulheres fazendo discurso peladas nos terreiros, ordenando saídas de combate e de enfrentamento com os brancos? O que aconteceu na cabeça dos brancos? Eles ficaram loucos, botaram fogo, cortaram todo mundo na espada, atravessaram todo mundo na lança. Eles matavam crianças, matavam os velhos, matavam todo mundo que encontravam pela frente.

E quando mandavam cartas para o papa e diziam que estavam encontrando um povo totalmente impossível de domar, o papa desconversava e dava mais uma carta para os reis. E foi dando cartas aos reis, que o sistema religioso instituído na Europa se tornou sócio do assalto às minas de prata de Potosí, às minas de diamante de Diamantina e ao ouro que continua sangrando essa terra enquanto mata crianças ianomâmi sem dó. Não mudou o mote, o mote é o mesmo. Pode mudar o boleto ou o código de barras, mas não mudou o *modus operandi* do capitalismo. Interessante que um é sociólogo (Florestan) e o outro é etnógrafo e antropólogo (Darcy).

Dizem que um dia Darcy, depois de ter ido pintar a cara com os kadiwéu, voltou para o Museu do Índio. Lá ele tinha uma escrivaninha e nela estava sentado, fazendo anotações. Cândido Rondon – que era o chefe do serviço de proteção ao índio –, visitando aquela autarquia, viu Darcy tomando nota e perguntou para o diretor da unidade: "O que é isso aí?" E o sujeito falou: "É um 'etenógrafo." Aí Rondon perguntou: "'Etenógrafo?'" E, chegando perto de Darcy, perguntou o que ele estava fazendo. Darcy explicou que fazia etnografia, que seu objetivo era estudar a cultura daqueles indígenas que Rondon estava encontrando pelo caminho com o lema "morrer se preciso for, matar nunca". Uma postura que é como uma lenda, algo próximo de um Indiana Jones dos trópicos. Eis que Darcy, intrépido, falando com o seu herói Rondon, diz: "Vamos estudar nossos índios!"

Então Rondon olha para o etnógrafo, surpreso como quem pensa: "Isso existe, vamos estudar nossos índios!" Há menos de cem anos, duas pessoas do vulto de Darcy Ribeiro e de Rondon eram capazes de produzir o seguinte diálogo:

– Vamos estudar nossos índios?

– Vamos!

Mas agora não vamos pensar em Darcy e em Rondon, mas em nós mesmos diante desse convite.

Vejam como o pensamento colonial se espalha feito vírus de Covid-19. Vamos estudar nossos índios. Essa frase é terrível e é a mesma frase que um europeu pode ter usado ao chegar no continente africano: "Vamos estudar nossos negros. Vamos administrar a vida dos nossos negros. Vamos organizar a vida dos nossos negros." Em seguida, eles "criariam" a África do Sul, a Nigéria, o Quênia, Moçambique e Angola. Pegaram o continente e esquadrinharam, fazendo um monte de desenho, dando tapa na cara e falando: "Fiquem aí".

Eles fizeram a mesma coisa aqui no continente americano; esquadrinharam nossos territórios, decidiram que tamanho poderia ter cada reserva. Vamos estudar nossos índios… Sérgio Bianchi tem um filme que é uma coisa cortante; o título do filme é *Mato Eles?* e é sobre antropologia. "Matar eles" é quando você consegue colocar em foco um determinado grupo étnico. Eu procurei outra palavra que não fosse grupo, mas não consegui encontrar e decidi colocar como se fosse uma *coisa*. É assim que a Rússia está fazendo com a Ucrânia? O Putin foi pra cima da Ucrânia e falou: "Vamos estudar os ucranianos?"

O colonialismo se reproduz de uma maneira cancerígena. A desgraça do colonialismo não se combate com discurso ou ideias simplistas; com esse discurso que tem sido veiculado em nossas universidades, faculdades e com os meninos repetindo refrões do tipo "decolonial". Eles nem sabem o que estão falando, têm que parar com essa bobagem. Quem tem alguma responsabilidade, por favor, não incentive nossas crianças a fazer tanta besteira. Digam a eles: "Acalmem-se, pensem e não fiquem repetindo o refrão. Esses refrões são reproduzidos para torná-los imbecis. Ficar repetindo e repetindo e repetindo… Pensem, porque a única maneira de confrontar o pensamento colonial é se opondo a ele no cotidiano, na sua maneira de viver, comer, andar e morar."

Porque, se você reproduz a arquitetura, a infraestrutura e todo esse aparato que sustenta o modo de vida colonial, como é que você irá combater o colonialismo, esse monstrengo, a partir de dentro de toda essa tralha,? É importante questionar nossos jovens, no lugar de insulá-los em uma ideia totalmente submetida. Darcy fazia assim quando falava. Ele deixava as pessoas irritadas porque chegava e falava na cara das pessoas aquilo que elas não estavam acostumadas a ouvir.

É claro que Darcy não é perfeito. Ninguém é perfeito em sua época, e ele foi uma pessoa da época dele, assim como Florestan Fernandes. Convidaram-me para fazer uma observação sobre a reedição do clássico de Florestan Fernandes, e eu disse que faltou-lhe ampliar sua visão acerca do matriarcado de Pindorama, tendo em vista que ele estava estudando um povo que tinha um governo que não era um patriarcado. Isso teria feito uma diferença fundamental em sua obra; poderia ter sido um grande lance se sua obra entendesse que aqui houve um governo que não era um patriarcado, que foi uma experiência real de um matriarcado, o matriarcado de Pindorama. Que não é o mito, mas que os portugueses, o Vaticano e o cristianismo negaram, porque admitir aquilo seria uma desgraça, afinal de contas eles estavam matando e queimando mulheres na Europa e afirmando que elas eram bruxas. Isso explica a negação, pois, como revelar que havia um mundo de mulheres que governavam?

Só restava uma solução, que era matar todo mundo; e, por isso, os brancos mataram todo mundo mesmo. Eu não sei como sobraram índios para contar alguma história e ser objeto de uma fala como aquela de Darci e Rondon: "Vamos estudar nossos índios!" Por pouco eles não teriam sequer o que estudar, afinal, o objetivo colonial era nos extinguir.

Dom João vi, quando chegou com sua família ao Rio de Janeiro, fez uma declaração de guerra contra os botocudos das florestas dos rios Doce e Mucuri. Eu sou um dos caras a quem ele declarou guerra de extermínio. Eu estou vivo e aquele desgraçado já morreu. Já enterramos muita gente que fez decreto de guerra contra nós e vamos continuar enterrando. É a única arrogância que eu tenho a exercitar.

Vamos então a Darcy. Se Florestan Fernandes perdeu a grande oportunidade de celebrar o matriarcado de Pindorama, Darcy não perdeu tempo e escreveu o maravilhoso romance *Utopia Selvagem*. Parece uma ficção, mas na verdade trouxe para dentro do romance aquela parte em que ele e Florestan Fernandes sabiam da história, mas, talvez por falta de documentos bibliográficos ou outras fontes, sentiam-se incapazes de colocá-la sociologicamente. É o que podemos constatar a respeito de Darcy, especialmente em seu clássico *Os Índios e a Civilização*.

Mas na ficção ele trabalhou com "uma nação de mulheres icamiabas", como ele gosta de se referir, porque Darcy gosta das palavras e adora falar "as icamiabas", já que elas são ao mesmo tempo guerreiras, belas, incríveis e aquilo que os brancos chamam de bruxas. Elas podiam decretar guerra, abrir e encerrar rituais, elas podiam mandar matar e mandar soltar. Mulheres guerreiras que na mitologia europeia tinham um traço que eles chamavam de *as amazonas*. Essa foi a única maneira que os viajantes europeus arrumaram para colocar um apelido num governo de mulheres que existia na bacia Amazônica e que preferiram relacionar com um mito grego a deixar que tivesse alguma existência de fato no mundo real.

Uma das maneiras que os europeus encontraram para despertar a história, foi confundi-la com mitologia. Isso é um truque. Quando eles querem dar um golpe, eles inventam um mito. Fica o dito pelo não dito. *Utopia Selvagem* precisa ser lido, por favor. É agradável de ler. É um delírio, é muito lindo. A história se passa em um tempo imemorial, numa região do mundo que vem a ser aquele lugar de Pindorama a que os brancos chamam de Amazônia. Tudo aqui nesta terra ganhou apelido mal posto pelos brancos; as mulheres eram chamadas de amazonas porque os brancos não tinham coragem de encará-las nuas. A região ficou então com o nome de Amazonas e temos o rio Amazonas e tudo Amazonas.

Darcy preferiu chamá-las de icamiabas, a nação das icamiabas com seus muiraquitãs que o Macunaíma carrega em suas jornadas épicas. Darcy também se apropria da potência do seu muiraquitã para botar no centro aquele governo de mulheres que conseguem suspender o céu, fazer chuveiro de cair raios no meio do terreiro, só porque têm vontade. Uma humanidade mágica que se abre em uma breve fresta para entrada do mundo masculino e patriarcal que não tem acesso amplo àquele lugar, mas entra por uma vereda.

Um dia elas saem para caçar no mato e encontram um homem preto. Pegam aquele homem preto e o levam para o terreiro, achando-o muito interessante. Inserem o homem preto no contexto, levam-no para o pátio para fazer um exame. O que é esse sujeito? É um homem preto. Olha como Darcy é genial; do jeito que o homem entra na história, ele é um preto capturado numa caçada no mato e levado para dentro do contexto das mulheres, com a proposta de se relacionar com um mundo totalmente diferente daquele que escapou, um mundo colonial branco, escravocrata, adepto do patriarcado e tarado.

Então esse homem se vê no meio de um mundo diferente, daquela coisa nova, com gente cheirosa, bonita, com muita comida, peixe, bebida e festa. Ele se pergunta o tempo inteiro: "eu saí do inferno e caí no céu"? Quer dizer, uma alma dominada pelo medo e pela violência desse patriarcado, que parece mais um purgatório ou o inferno, despenca no céu de uma hora para outra. Eu não vou contar o que vai acontecer com esse sujeito para não tirar a curiosidade de vocês.

Darcy Ribeiro é muito grande; eu não conseguiria falar dele nem se fosse por uma tarde inteira porque eu me lembraria sempre de algum episódio, da sua obra ou da sua vida ou das histórias que seus amigos contam. Darcy foi mesmo um homem excepcional. Eu fiz menção a Berta, porque não poderia deixar de, pelo menos, mencionar essa pessoa maravilhosa, essa intelectual complexa e discreta, a quem algumas pessoas atribuem a autoria de parte da obra de Darcy Ribeiro. Se não fosse ela, uma parte da obra de Darcy nem existiria. Que dupla, uma pessoa tão discreta e tão capaz de perseverar na produção de uma narrativa, junto de outra pessoa totalmente extravagante, que ficaria bem como um Macunaíma. Darcy como Macunaíma, isto é, um intelectual além da sua moldura, mas capaz de torcer o sentido da política, da história e da própria ciência a que ele se dedicou (a antropologia).

Há muitos antropólogos contemporâneos que torcem o nariz para Darcy, dizendo que ele era estruturalista, que ficou analisando mitos, estudando estruturas de parentesco. Essa crítica só seria válida se Darcy fosse proprietário de uma máquina do tempo para avançar até o século XXI e ver o que acontecia no século XX. Mas, enfim, a produção de conhecimento é sempre assim, as pessoas de hoje atacam a última descoberta que já não está com nada porque tem uma novinha agora.

Esse tipo de predação típica diminui a beleza do trabalho de um autor, a ponto de sugerirem que Darcy Ribeiro foi enterrado junto com sua obra. Essa frase terrível é dos seus detratores, um bando de analfabetos. Eu considero que Darcy vai sobreviver à mediocridade, e ele deixou as próprias marcas na configuração da Universidade de Brasília. A UnB tem as digitais de Darcy porque ele pensou um tipo de universidade que pudesse ser contemporânea da invenção de Brasília.

Ele sabia que aquele Brasil agrícola, que aquela sociedade de fazendeiros e donos de engenho estava em transição quando sonhou junto com Lúcio Costa, Niemeyer e sua geração, levar a administração do Brasil da praia do Rio de Janeiro para um lugar árido, seco, duro de roer e terra de índio. Ele sabia disso. Curiosamente, o gesto deles pode significar também o último gesto bandeirante de invadir o coração do Brasil.

Uma contradição, porque ao mesmo tempo que eles queriam escapar daquela colonialidade que imprimia à capital do Brasil no Rio de Janeiro, aquela coisa encalacrada de donos de engenho e escravos, aquela capital de traficantes (em todos os sentidos), eles tinham que cometer um crime perfeito: rasgar o cerrado e repetir o sinal da cruz e fazer uma mímica de uma segunda primeira missa do Brasil. Fizeram. Colocaram quatro mastros para estender uma lona, chamar um bispo e fizeram a missa de fundação de Brasília, em cima de um traçado do Lúcio Costa, que era uma cruz (-credo).

Fizeram a missa e fundaram o Brasil de novo, um outro Brasil que eles achavam que podia ser menos rançoso, escravocrata, corrupto e canalha. Um país que tentava ter um perfil civil. O que é ter um perfil civil? É habitar um lugar que ainda fosse natureza, limpo, que pudesse ter poeira, mas que não tivesse mofo. Que pudesse ter pau, que pudesse ter madeira para construir uma nova cidade, um sonho, uma utopia selvagem.

Construíram Brasília, pensaram Brasília como uma coisa perfeita. Aquelas linhas alinhadas. Imagina, gente, um país da América do Sul que projeta uma capital cheia de palácios... parece um conto de fadas, porque a história da América do Sul, a não ser por esses rasgos de invenção, é uma repetição pobre da arquitetura europeia. Imagina você ter uma capital toda inventada, descontinuada, descaracterizada, nada parecido com nada, invenção.

Alguém pode dizer: "Mas lá tem barroco, ali tem não sei o quê." É claro, em qualquer lugar, em qualquer canto que um gênio desenhar alguma coisa, essa coisa vai remeter a algo pré-existente. Eu acho que o mundo morre de inveja de Brasília porque os Emirados Árabes, que estão com os cofres cheios de ouro, por exemplo, não têm a capacidade de imaginar uma capital de seu país, fazer e colocá-la de pé. E nós, apesar da nossa precariedade, em algum momento tivemos essa capacidade de experimentar uns dez anos de civilidade, construir a capital, erigir um sonho arquitetônico, montar um sistema de representação política e insistir na ideia de democracia (como era o sonho de Darcy, Niemeyer e todos esses comunistas). Eles queriam a democracia e acreditavam na possibilidade de que viéssemos a ser uma democracia.

Mas eles eram sofisticados, queriam a democracia com palácios, diferente daquele discurso trabalhista que acha que pobre pode morar em qualquer lugar. Algo muito parecido com o pensamento fascista que sugere que pobre mergulha no esgoto e sobrevive. A gente não pode ficar de bobeira e ouvir uma frase fascista e uma frase trabalhista sem entender a cumplicidade ideológica que elas implicam. Há um pensamento subjacente nesses caras que viveram no século xx, na transição de uma administração colonial do Brasil para uma industrialização. A saída de uma sociedade agrícola para uma sociedade industrial, e uma capacidade de enxergar a complexidade de nos constituirmos em comunidades contraditórias que supõe que você tenha oposição e que essas forças opostas lutem, mas que prevaleça no conjunto dessas disputas uma ideia de civilização superior, transcendente, beirando uma mitologia apoiada numa herança cultural africana e ameríndia.

Essa herança apavora os brancos, os assombra. Muitos brancos têm medo de macumba, têm medo de orixá, de encruzilhada. Eles têm medo do desconhecido, enquanto a matriz que veio da África e a matriz ameríndia não têm medo de nada. Os brancos que vieram para cá deveriam abaixar o facho, aprender a conviver com essa grande constelação de povos e contribuir para sermos outra coisa que também não é nem África nem ameríndia, mas algo que transcende e que produz uma experiência – para ficarmos nos termos de Florestan Fernandes – sociológica, socioambiental, socioecológica. Uma proposta que faça com que os outros povos aprendam alguma coisa conosco, em vez de nos colonizar.

Nós estamos vivendo um momento planetário em que é quase impossível alguém evocar uma ideia de identidade tão pretensiosamente plural. A própria ideia de país e nação está totalmente banalizada. Eu já mencionei a Guerra da Ucrânia, mas posso mencionar outras invasões também que mostram que a ideia de fronteira, país e nação estão em uma virtualidade tamanha que é quase a seguinte cena: você vai dormir em um país e acorda em outro, não porque você se moveu, mas porque alguém tomou o território em que você vivia.

Estamos habitando um planeta de refugiados, e evocar uma ideia de identidade – como essa que Darcy e os pensadores que aqui mencionamos sugerem – talvez pareça muito pretensioso. Talvez seja pretensioso evocar a possibilidade de essas duzentas e tantas milhões de pessoas, cujos parentes vieram de tudo quanto é lugar do mundo – mas que continuam a reproduzir uma matriz de negros, índios e brancos –, se afirmarem de um jeito único, quando na fotografia os índios e os negros aparecem sempre rasurados, enquanto os brancos retocando retocam sua maquiagem.

Quando é que haverá uma fotografia em que essas personagens aparecerão cada uma com a sua própria face, sem que os pretos tenham que ficar brancos, os índios tenham que ficar brancos e sem que os brancos tenham que imitar seus antepassados europeus com uma chibata na mão se impondo na marra em um lugar onde eles são, francamente, minoria física?

7. O MESTIÇO QUE É BOM? CULTURALISMO ESTRUTURAL EM DARCY RIBEIRO

Márcio Farias

Darcy Ribeiro é autor de muitas camadas ou, como ele mesmo dizia, "vestiu muitas peles". Sua obra sintetiza a pujança de um pensamento que se propôs a refletir as estruturas sociais e econômicas da formação latino-americana e brasileira – típico das décadas de 1950 e 1960 –, condensadas com a preocupação de compreender o *éthos* nacional.

Nesse sentido, a busca pela compreensão do povo brasileiro o fez perseguir uma teoria original sobre o Brasil. Como etnólogo, desde a década de 1950, tentou superar uma tradição em que os estudos indígenas se situavam em seu tempo: diferente da antropologia estrutural de Lévi-Strauss[1] e da antropologia funcionalista de Florestan

---

1 Ver C. Lévy-Strauss, *As Estruturas Elementares do Parentesco.*

Fernandes[2], junto com Berta Ribeiro buscou uma interpretação em que encontrassem o lastro histórico-cultural dos povos indígenas e sua vitalidade moderna.

O Processo Civilizatório é um livro que sintetiza seu intento em localizar a história do desenvolvimento humano amplo e desigual, a partir do desenvolvimento dos povos originários latino-americanos, inaugurando sua teoria sobre as origens da formação social brasileira. Leitor com amplas doses de originalidade do debate em torno do modo de produção asiático, contido no *Grundrisse* de Marx, assinala assim um jeito de proceder na pesquisa em que, ainda que não negue a luta de classes, intenta averiguar o desenvolvimento dos meios da produção ou, de outro modo, da tecnologia, para superar uma história que desemboca no desenvolvimento histórico europeu[3].

Assim, ao situar a América Latina no processo de evolução tecnológica, social e ideológica humana, dá um passo analítico decisivo na tentativa de superar uma perspectiva histórica de orientação colonial: aquela que, mesmo que pela perspectiva da crítica, tem como premissa o início da

2 Ver F. Fernandes, *A Função Social da Guerra na Sociedade Tupinambá*.

3 Nesta obra, Darcy Ribeiro confronta-se com a escolástica marxista que se desenvolvia entre setores intelectuais latino-americanos à época: "Publiquei este livro com muito medo. Temia que a ousadia de enfrentar temas tão amplos e complexos me levasse a um desastre. Meu medo devia ter aumentado quando um conhecido intelectual marxista, ledor de importante editora, deu um parecer arrasador sobre *O Processo Civilizatório*. Dizia ele que o autor, etnólogo de índios, brasileiro, que não era sequer marxista, pretendia nada menos que reescrever a teoria da história, o que equivalia, pensava ele, a inventar o moto-contínuo. O diabo é que eu pretendia mesmo! Só não fiquei aplastado debaixo daquele parecer competentíssimo porque fui salvo por um ataque de raiva possessa contra todos os que pensam que intelectual do mundo subdesenvolvido tem de ser subdesenvolvido de alguém." E arremata: "Conforme se verifica, foi Marx que me pediu que escrevesse *O Processo Civilizatório*. Obviamente, ele esperava uma obra mais lúcida e alentada do que minhas forças permitiram. Ainda assim, fico com o direito de crer que, apesar de tudo, o herdeiro de Marx sou eu." (*O Processo Civilizatório*, p. 17, 23.) Enquadra-se, assim, na esteira do marxismo original, que tem em Marx referência para estudar a América Latina, mas segue também caminhos originais em sua formulação.

história a partir do colonizador, descartando a história dos povos colonizados. Nesse caso, os povos indígenas, mas também os africanos, são compreendidos em seu desenvolvimento histórico-cultural, o que permite a Darcy Ribeiro interpelar a história a partir da reflexão sobre quais eram os patamares de desenvolvimento das forças produtivas em que estavam situados os povos indígenas e africanos quando do início do processo colonial. Também permite refletir sobre a formação da América Latina e seu desenvolvimento histórico-cultural em relação ao desenvolvimento das forças produtivas na Europa e nos EUA. Frente aos grandes esquemas interpretativos, era preciso convergir as análises das estruturas econômicas com a tessitura do processo histórico. Essa análise era, conforme Darcy, decisiva para qualquer projeto de transformação das realidades brasileira e latino-americana.

Ao longo das décadas de 1970 e 1980, entre o exílio e as atividades políticas e burocráticas, Darcy, em sua produção teórica, analisou o complexo da formação contemporânea latino-americana e brasileira. Em textos, ensaios, crônicas e artigos, Darcy falou *sobre o óbvio*: nosso atraso não se devia à questão da raça, nem sobre quem nos colonizou, mas sobre a maneira pela qual as elites dominantes forjaram a estrutura deste país. A profunda desigualdade que mantém o país atrasado é fruto das relações de poder e dominação instauradas na América Latina[4].

No caso brasileiro, nesse período, Darcy escreveu um emblemático prólogo à edição de *Casa-Grande & Senzala* da Biblioteca Ayacucho[5], em que ressalta as qualidades desse clássico do pensamento social brasileiro, mas adverte sobre uma série de aspectos da obra do escritor pernambucano,

4 Sobre o Óbvio, *Ensaios Insólitos.*
5 A Biblioteca Ayacucho é uma entidade editorial do governo da Venezuela, fundada em 10 de setembro de 1974. É administrada pela Fundación Biblioteca Ayacucho. Seu nome homenageia a crucial Batalha de Ayacucho, ocorrida em 9 de dezembro de 1824, entre a Espanha e os independentistas latino-americanos. Por meio de oito coleções, seu acervo destaca a produção intelectual latino-americana.

e também no qual o "tom da voz" de Darcy se eleva para uma incorporação e posterior negação dialética daquele que será sua grande referência, ainda que por oposição. Em outras palavras, esse prólogo é um acerto de contas de Darcy com a antropologia histórico-cultural brasileira, tal como se verá. Das inúmeras considerações feitas por ele sobre *Casa-Grande & Senzala*, duas saltam à vista, pois elas reaparecerão em seu livro *O Povo Brasileiro*: 1. A ênfase numa história luso-africana, com explícita subestimação, por parte de Freyre, das contribuições indígenas para o desenvolvimento social e cultural brasileiro e; 2. A crítica da leitura de Freyre sobre a formação, em termos de *sadismo do mando*, e disfarçado posteriormente em *princípio de autoridade e autodefesa da ordem* por parte das elites, e o masoquismo *do puro gosto de sofrer, de ser vítima ou de sacrificar-se*, característica típica, para Freyre, segundo Darcy, do brasileiro médio. Daí sua contraposição: "Ainda não é, obviamente, a visão prospectiva do que havemos de ser. Isto, porém, não é com ele. É conosco. É tarefa nossa: dos que não gostamos do Brasil passado tal qual foi; dos que não nos consolamos de que o Brasil seja no presente o que é."[6]

A partir disso, a tarefa de pensar o Brasil e a América Latina, à qual se propôs Darcy, ganha novos e densos capítulos, quando ele busca passar em revista a tipologia política latino-americana[7], observando as condições reais de luta, a partir dos estratos sociais e políticos e suas correspondentes frações de classe, em fins da década de 1970 e 1980. Desse modo, analisa que as imposições ditatoriais das elites locais em conluio com o imperialismo estadunidense perdiam força, menos pelos feitos desses governos autocráticos, autoritários e mais pelas brechas criadas frente a ampliação das desigualdades e as suas respectivas incapacidades de selar pactos sociais amplos. A esquerda, por sua vez, sairia dissuadida de uma revolução socialista

6 *Gentidades*, p. 24.
7 Tipologia Política Latino-Americana, *América Latina*.

de exceção e entraria numa nova fase histórica. Teria, assim, uma tarefa a cumprir: levar a cabo um regime democrático e, por meio da administração do Estado, promover as mudanças estruturais.

Mas, antes, era preciso superar o eurocentrismo fundante das bases fundacionais do país e avançar na qualificação do efetivo entendimento da particularidade brasileira. Esse eurocentrismo, segundo Darcy, tem três grandes características. A primeira delas é o racismo, arma ideológica de dominação. Diferentemente do anglo saxão, o nosso é mais assimilacionista e caldeador, mas não menos atroz. A segunda característica do eurocentrismo brasileiro e latino-americano é a atribuição da criatividade e do desenvolvimento material e intelectual à civilização ocidental: "De fato, eles são criações culturais humanas, alcançadas no curso da evolução pela exploração das limitadas potencialidades do mundo material. Ao surgirem, ocasionalmente na Europa, se impregnaram, porém, de europeidade, daí o equívoco de considerar que fontes de energia, processos mecânicos ou técnicas possam ser tidos como inerentes a uma civilização."[8] Soma-se a essas características a leitura de que foi benigna a expansão cristã aos trópicos, desconsiderando a violência material e simbólica dessa expansão.

Nesse momento, Darcy congrega sua visão global de desenvolvimento humano, assenta sua crítica ao colonialismo eurocentrista e caminha para uma crítica ao racismo, ainda que absorvendo a tese da mestiçagem positiva como elemento base da constituição demográfica e cultural brasileira.

Em termos teóricos, a utopia latino-americana e brasileira continuava a ser a sua grande agenda: "A América Latina existiu desde sempre sob o signo da utopia. Estou convencido mesmo de que a utopia tem seu sítio e lugar. É aqui."[9]

8 Civilização e Desenvolvimento, *América Latina*, p. 85.
9 A Nação Latino-Americana, *América Latina*, p. 57.

Para Darcy, a invenção da América Latina, apesar do colonialismo, se apresentava na modernidade como algo viável, se superada a intransigência das elites que, apesar da independência política das metrópoles, forjaram repúblicas antipopulares.

Nascemos, de fato, pela acumulação de crioulos mestiçados racial e culturalmente, que se multiplicaram como uma espécie de rejeito ou de excesso. Um dia essa mestiçaria foi chamada a virar povo-nação que queria a independência. Naturalmente suas repúblicas se organizaram, prescindindo do concurso do populacho. Ainda hoje, século e meio depois, seus sucessores encastelados no poder acham que o povo não está preparado para o exercício da cidadania[10].

A viabilidade da utopia latino-americana, nesse sentido, não estava no curso em que a ação das elites dirigentes operou a estruturação das respectivas repúblicas nacionais, mas, em seu contrário, numa espécie de efeito colateral da colonização que amalgamou história e memórias de povos de ampla produção material e de riquezas, com o acúmulo de conhecimento em várias áreas, da tecnologia à filosofia, que acompanhou o desenvolvimento dessas sociedades antes da colonização. Em outras palavras, o desenvolvimento de sociedades complexas nessa região anteriores à colonização, como é o caso dos povos incas, maias, astecas, quéchuas e aimarás. Nesses termos, Darcy dialoga com as teses clássicas do pensamento social latino-americano, seja por aproximação, como é o caso de Simón Bolívar, José Martí, José de Vasconcelos, Euclides da Cunha, ou por absorção crítica, como é o caso de Gilberto Freyre e Fernando Ortiz. Diferencia-se de todos eles na medida em que propõe um duplo estatuto identitário em que os povos originários, ou por manutenção ou por recuperação, manteriam suas culturas e valores, ainda que, numa federação política e cultural, formassem um povo novo.

10 Ibidem, p. 67.

Gosto de prefigurar nossa futura federação latino-americana como um conjunto de nações que venha a incorporar no seu seio alguns povos indígenas originais da América. Lavados das feridas da exploração, curados dos vexames da opressão, eles se reconstruirão como culturas autênticas para florescer outra vez civilizações autônomas.[11]

Diferencia-se também de uma análise que se orienta apenas pela posição de classe como elemento organizador das reivindicações das classes oprimidas:

Os fanáticos das lutas de classe – esquecidos de que a estratificação social é coisa recente, muitíssimo mais nova que as entidades étnicas, e de que é até provável que as classes desapareçam antes das nacionalidades –, teimando em negar a identidade desses indigenatos como povos oprimidos, contribuíram condenavelmente para que eles continuassem sendo oprimidos.[12]

Como se pode observar, no caso de Darcy Ribeiro, a especificidade de sua obra está na maneira como ele elaborou uma *Teoria do Brasil*, articulando estrutura e cultura. Darcy tentou refletir sobre o papel dos grupos étnicos que compõem a matriz formadora do país, ao aproximar essa matriz dos demais grupos étnicos e raciais que povoaram o país ao longo de sua história. Para explicar esse processo, o antropólogo diferenciou o que chamou de povos-testemunhos, povos transplantados e povos novos. Povos-testemunhos seriam aqueles que, apesar das mudanças ocasionadas pelo desenvolvimento moderno, carregam em sua memória os traços culturais de longo prazo de altas sociedades antigas, como ocorre na América Latina e em outras regiões do mundo, como Egito, México e China. Os povos transplantados, por sua vez, são, segundo Darcy, "gente europeia que vai para o espaço do além-mar, tira os índios, limpa o terreno e ali faz uma sub-Europa"[13].

11 Ibidem, p. 64.
12 Ibidem, p. 63.
13 Ibidem.

O Brasil, por seu lado, estaria enquadrado numa terceira categoria: a de povos novos, que resultam de transfigurações étnicas. Por meio de seus estudos, Darcy concluiu que o Brasil se caracteriza pela unidade da diversidade. A esse processo sociocultural ele chamou *ninguendade*: fruto da desconstrução étnica de nossas matrizes formadoras, na qual o indígena não é mais indígena no processo de colonização; o europeu não é mais europeu, porque está distante de seu território e em contato com outras culturas; e o africano não é mais africano, pois foi retirado à força de seu local de pertencimento e levado para outra região. Por isso aqui não se formou, precisamente, uma identidade nacional, mas uma maneira inventiva de se colocar no mundo, que nasce do desfazimento dos moinhos de gastar gente e da quebra brutal de suas etnias. É do vácuo de não ser mais indígena, africano ou europeu – ou seja, de ser ninguém – que nasce o brasileiro.

O Brasil é, nos dizeres de Darcy, uma nova Roma, um braço da cultura ocidental, que se singulariza na modernidade.

Somos, pois, inelutavelmente, uma criatura a mais da civilização ocidental condenada a expressar-se dentro dos seus quadros culturais. Uma romanidade tardia, tropical e mestiça. Uma nova Roma, melhor, porque racialmente lavada em sangue índio, em sangue negro. Culturalmente plasmada pela fusão do saber e das emoções de nossas três matrizes; iluminada pela experiência milenar dos índios para a vida no trópico; espiritualizada pelo senso musical e pela religiosidade do negro. Desse caldeamento carnal e espiritual surgimos nós, os brasileiros. Somos, apesar de toda essa romanidade, um povo novo, vale dizer um gênero singular de gente marcada por nossas matrizes, mas diferente de todas, sem caminho de retorno a qualquer delas. Essa singularidade nos condena a nos inventarmos a nós mesmos, uma vez que já não somos indígenas, nem transplantes ultramarinos de Portugal ou da África[14].

14 *O Brasil Como Problema*, p. 13.

Assim sendo, ao colocar o *Brasil como um problema* a ser resolvido, Darcy estabelece um marco interpretativo cuja grande obra é *O Povo Brasileiro: A Formação e o Sentido do Brasil*. As teses que foram tecidas ao longo de décadas, nesse livro, ganham camadas de explicação mais detidas e organizadas. Ali, ele defende que o Brasil é uma nação moderna, que forjou um povo com diversidade cultural, mas também com unidades indissolúveis. A gestação e seu fazimento enquanto povo brasileiro se deu quando da independência, nos quadros históricos e institucionais pautados pelas classes dirigentes – seu único mérito histórico, segundo Darcy –, mas que foi lastreado por uma violência institucional, sustentada numa diferença de classes sem igual, em que as conexões entre raça, etnia e região marcam indelevelmente o sentido da formação nacional. Assim, houve uma contínua supressão, por parte das elites, de toda tentativa disruptiva, sejam as de orientação explicitamente étnicas e raciais, sejam as de orientação classista ou as que reivindicam direitos sociais:

A estratificação social separa e opõe, assim, os brasileiros ricos e remediados dos pobres, e todos eles dos miseráveis, mais do que correspondente habitualmente a esses antagonismos. Nesse plano, as relações de classe chegam a ser tão infranqueáveis que obliteram toda a comunicação propriamente humana entre a massa do povo e a minoria privilegiada, que a vê e a ignora, a trata e a maltrata, a explora e a deplora, como se fosse uma conduta natural. A façanha que representou o processo de fusão social e cultural é negada, desse modo, no nível aparentemente mais fluido das relações sociais, opondo à unidade de um denominador comum, com que se identifica um povo de 160 milhões de habitantes[15], a dilaceração desse mesmo povo por uma estratificação classista de nítido colorido racial e do tipo mais cruamente desigualitário que se possa conceber.

O espantoso é que os brasileiros, orgulhosos de sua tão proclamada, como falsa, "democracia racial", raramente percebem os profundos abismos que aqui separam os estratos sociais.[16]

15 Segundo dados do Censo de 2022, o Brasil tem atualmente pouco mais de 203 milhões de habitantes.
16 D. Ribeiro, *O Brasil Como Problema*, p. 21.

Aqui temos uma explícita diferença em relação às elaborações de Gilberto Freyre, em termos de pensar a maneira pela qual o povo brasileiro emerge como mestiço: enquanto para Freyre a civilização do açúcar – leia-se sociedade colonial escravista – foi o tempo espaço da formação do povo brasileiro, para Darcy, é quando da modernidade que essa amálgama completa seu ciclo. A colonização, para Darcy, é o moinho de gastar gente, que ressoa como sombra que inviabiliza o Brasil como país. O mestiço, protótipo desse ser novo, é uma espécie de herói virtuoso que, diante da pergunta "o que eu faço daquilo que fizeram comigo?", responde "sigo em frente". Sobre a mestiçagem, Darcy Ribeiro, em entrevista concedida a figuras ilustres, dentre elas, Zuenir Ventura, ao ser perguntado sobre os seus sonhos e utopias, disse a seguinte frase: "É para ver que nós temos a aventura de fazer o gênero humano novo, a mestiçagem na carne e no espírito. Mestiço é bom."[17]

O Mestiço em Questão: Poder Para o Povo Negro

Entusiasta da mestiçagem e contra a democracia racial. Essa é a posição de Darcy que o torna autor escorregadio sobre o tema do enfrentamento ao racismo contra pessoas negras. Sua relação com o tema, como se verá neste tópico, foi de diálogo, diferenças, ambiguidades, contradições e posições opostas ao que foi ganhando consenso entre aqueles que discutiam o enfrentamento ao racismo entre as décadas de 1950 e 1990.

No campo dos diálogos de reciprocidade que estabeleceu com intelectuais negros e militantes, participou do I Congresso do Negro Brasileiro, organizado pelo Teatro

---

17 Idem, *O Mestiço Que É Bom*, p. 104. Esse livro baseia-se numa entrevista que teve lugar no então escritório de Oscar Niemeyer, na avenida Atlântica, Rio de Janeiro, no dia 12 de outubro de 1995. Dela participaram Antônio Callado, Antônio Houaiss, Eric Nepomuceno, Ferreira Gullar, Oscar Niemeyer, Zelito Viana e Zuenir Ventura.

Experimental do Negro no ano de 1950, cuja agenda era: "Em um 26 de agosto de 1950, mulheres e homens negros promoveram evento de estudo e reflexão e, ainda, um acontecimento político de cunho popular, em contraste a outros certames, como os Congressos Afro-Brasileiros de Recife (1934) e Salvador (1937), que tratavam o negro como um simples objeto de pesquisa."[18]

Na ocasião, Darcy apresentou uma comunicação oral sobre música folclórica. Também foi parecerista da tese *A Unesco e as Relações Raciais*, de Guerreiro Ramos, em que o autor acentua sua crítica a uma visão de relações raciais harmônicas e indica a necessidade de interpelação do Estado no que concerne à agenda de pesquisa da Unesco, com o intuito de atuar nela a partir dos pleitos dos intelectuais negros e do movimento negro organizado. Darcy dá parecer positivo e indica a tese para publicação nos Anais do Congresso[19]. Além disso, assina junto com outros cientistas sociais que participaram do conclave a "Declaração dos Cientistas", em que, no parágrafo III, defendem:

Esperam, sinceramente, os signatários que os congressos dessa natureza sirvam à ciência, à determinação de uma atitude correta diante dos fatos sociais e humanos, à fraternidade de todos os povos. Jamais os signatários da presente emprestariam o seu concurso à criação de atitudes que não tenham justificativa na ciência, nem oportunidade no momento histórico que vivemos, quando, eliminado o racismo hitlerista, os povos, através das Nações Unidas e dos seus organismos mais representativos, exprimem vigorosamente os seus desejos de paz, de legalidade democrática e de fraternidade entre as nações. Os signatários consideram que trairiam os seus ideais e renegariam em todo o cabedal de conhecimentos e objetivos acumulados pela humanidade se, por ação ou por omissão, tivessem a desgraça de contribuir para o

18 J.M. Silva, 70 Anos do Primeiro Congresso do Negro Brasileiro, *Ipeafro*.

19 Os anais do 1º Congresso do Negro Brasileiro encontram-se publicados, parcialmente, no livro *O Negro Revoltado*, organizado por Abdias Nascimento, e que foi publicado pela primeira vez em 1968, ganhando segunda edição em 1982.

113

acirramento de ódio e rivalidades injustificáveis entre os homens, qual o ressurgimento do racismo, sob qualquer de suas formas.[20]

Segundo Maybel Sulamita, tal posição – com a qual pactuaram outros intelectuais participantes do Congresso, tais como Edison Carneiro e Guerreiros Ramos –, contrapôs-se à tese "A Estética da Negritude", apresentada no congresso pelo escritor e ativista Ironides Rodrigues e que tinha o apoio de Abdias Nascimento, parecerista do texto:

Ao fim do congresso, nove intelectuais participantes do evento se propuseram a redigir uma declaração final específica, assinada somente por "cientistas", onde afirmavam sua preocupação de que a negritude fosse um "racismo negro contra brancos". A negritude não era, e não é, uma forma de racismo, mas incomodava por questionar as visões sobre a identidade brasileira, a miscigenação e o viés marxista de alguns participantes.[21]

Essa diferença que Darcy vocaliza nos idos da década de 1950, frente a certa pauta de alguns setores do movimento negro, se acentuará ao longo das duas décadas seguintes. O conjunto do movimento negro brasileiro viverá uma mudança programática e Abdias foi figura central nessas mudanças de rumos. O ciclo lastreado pelo projeto de integração do negro na sociedade competitiva, pauta comum aos diversos setores do movimento negro que atuavam desde o pós-abolição até a década de 1960, terá sua primeira redefinição com o Golpe Militar. A política de arrocho salarial que ampliou a desigualdade no país nesse período atingiu fortemente a massa trabalhadora, consequentemente, a população negra. Por outro lado, no interior do setor formal da classe trabalhadora, entre trabalhadores do funcionalismo público e mesmo entre militares – ainda que de baixa patente – emergiu uma pequena classe média negra universitária.

20 A. Nascimento (org.), Declaração dos Cientistas, op. cit., p. 400.
21 R. Baptista, Abdias Nascimento e Darcy Ribeiro Dividiram Lutas Desde os Anos 1950.

Entre sindicalistas, nova classe média negra, mas também nos tradicionais redutos culturais e políticos frequentados pela população negra, emerge a nova agenda do movimento negro. Conectados à internacional antirracista[22], ou seja, em contato com as lutas contra o racismo, o neocolonialismo e a segregação racial mundo afora, o movimento negro emergente na década de 1970, elabora uma nova gramática de luta e forja uma contra-hegemonia racial que atrela a luta antirracista brasileira a essas lutas internacionais.

Mesmo sob repressão, várias organizações, entidades e redes de ativismo se fortaleceram em diferentes partes do país. Em São Paulo, por exemplo, havia o Centro de Cultura e Arte Negra, o Cecan, que, de certo modo, herdou a experiência teatral cultivada no seio da militância antirracista, particularmente a que foi desenvolvida pelo Teatro Experimental do Negro, durante os anos 1930 e 1950. Em Salvador, o bloco Ilê Aiyê, desde a sua fundação, questionava o mito da democracia racial e, por conta disso, era alvo de reprovações e até mesmo de ameaças de vários setores da sociedade. No Rio Grande do Sul, desde 1971, discutia-se o fortalecimento do dia 20 de novembro como Dia Nacional da Consciência Negra, entre outros temas. O Brasil começava a produzir, assim, ações coletivas críticas à visão hegemônica racial[23].

Portanto, essa nova agenda do movimento negro se estabelece a partir de uma nova interpretação sobre o sentido da formação nacional. Conecta assim, em seu programa de enfrentamento ao racismo, a discriminação racial com a desigualdade social; racismo e sexismo com a história da formação social brasileira; violência e luta de classes.

Nesses novos termos, o novo movimento negro, marcadamente de esquerda, terá como grande mote de enfrentamento o mito da democracia racial e seus desdobramentos na tessitura da vida social do negro brasileiro. É o que se lê, não só nos programas, jornais, cartilhas e demais

22 Ver C.L.R. James, *Uma História da Revolta Pan-Africana*.
23 Ver A. Ratts; F. Rios, *Lélia González*.

documentos produzidos nesse período, mas também é o que se lê quando se tem contato com a produção teórica da intelectualidade antirracista do período. Desde os estudos de Edson Carneiro, Guerreiro Ramos, Florestan Fernandes, Octavio Ianni, Roger Bastide, Emília Viotti da Costa, Virgínia Leone Bicudo, ainda nos idos das décadas de 1950 e 1960, até os ensaios e reflexões de Abdias Nascimento, Hamilton Cardoso, Clóvis Moura, Lélia González, Beatriz Nascimento, Nelson do Valle, Carlos Hasenbalg e Neusa Santos Souza, já nos marcos dos anos de 1980, a contra-hegemonia racial[24] foi se forjando e amparando uma crítica contundente à ideologia do racismo no Brasil. Ou seja, esses intelectuais apontam que a democracia racial ocultava as diferenças e as desigualdades raciais. Nesse ponto, como vimos, há profunda sinergia com as elaborações sobre o tema feitas por Darcy.

Por outro lado, pensando os primeiros contrapontos, nesse ínterim, a compreensão sobre o que é cultura negra no Brasil, tanto para o conjunto do movimento negro, como para os seus intelectuais orgânicos, passa a apresentar diferenças significativas quando comparada à maneira pela qual a intelectualidade, inclusive a progressista, refletia sobre a questão. Aqui se manifesta uma diferente percepção sobre racismo entre essa nova razão negra e o legado teórico de Darcy. O espaço das manifestações culturais passa a ser entendido, para os intelectuais orgânicos do movimento negro, não só como espaço de associação, mas também de resistência política. Numa complexa reavaliação teórica e política, autores como Abdias Nascimento, Lélia González e Clóvis Moura, por exemplo, apontaram em suas reflexões teóricas, cada um ao seu modo, a questão da posição de classe, das relações sociais de produção, dos embaraços sociais dos indivíduos negros em relação ao racismo e ao sexismo, justapostos e consubstanciados à estrutura histórica e social colonial escravista, que

24 Ver M.G. Hanchard, *Orfeu e o Poder*.

se metamorfoseia em capitalismo dependente de matriz ideológica racista e machista.

Assim sendo, para esses intelectuais, as múltiplas manifestações e os espaços de socialização específicos da população negra no país ao longo da república se remetem às diferentes formas pelas quais essa população foi discriminada, seja nos setores populares ou entre aqueles que viviam um processo de mobilidade social. Por isso, o espaço da cultura, para eles, é espaço de afirmação e diferenciação, que pode se desdobrar em estratégia política de enfrentamento ao racismo e não em um espaço de síntese e sociabilidade comum ao conjunto da classe. Isso porque, tanto na sociedade escravista, mas também no pós-abolição, a posição de classe e os entraves da plena participação negra na sociedade fizeram com que os espaços culturais se apresentassem como mais uma esfera da disputa e do conflito social racializado que lastreia a sociedade brasileira. Trata-se da noção de cultura e política. Portanto, ainda que composta por uma população étnica, racial e demograficamente miscigenada, a cultura híbrida, fruto do encontro desses diferentes grupos sociais, não forjou etnicamente um povo novo, pois, cindido pelo racismo, esse povo novo tem por base das suas manifestações culturais tanto a aproximação como o conflito[25].

Aqui há uma explícita diferença entre Darcy Ribeiro e intelectuais como Lélia González e Clóvis Moura, mas também Abdias Nascimento. Com Clóvis Moura, a diferença é de natureza analítica e programática, pois o comunismo

---

25 Creio que a afirmação de que há muitas similaridades entre as formulações teóricas de Darcy Ribeiro e Lélia González, tal como defende Adelia Miglievich Ribeiro, não se sustenta nem do ponto de vista histórico, quando se coteja com o desenvolvimento da luta antirracista, da qual ambos eram contemporâneos, nem teoricamente, na medida que amefricanidade é, como a própria Adelia aponta, uma leitura de uma leitura da relação entre aspectos da cultura africana sob novos territórios, temporalidades e signos culturais distintos, mas que afirmam uma continuidade e uma especificidade negra e indígena, diferentemente da ninguendade de Darcy, em que esse processo forma uma etnia, um povo.

de Moura o levava a refletir sobre a cultura e as formas políticas para qualificar a revolução socialista no Brasil[26]. Já com Lélia e Abdias, a camada de complexidade é bem maior, pois os dois, por caminhos diferentes, atuaram no Partido Democrata Trabalhista – PDT, em que Darcy, junto com Leonel Brizola, era um dos grandes quadros políticos. No caso de Abdias, a proximidade com o PDT se deu ainda no em seu exílio nos EUA, quando conheceu Brizola. A partir dessa aproximação, no contexto de estruturação do Movimento Negro Unificado – MNU, Abdias se integra ao PDT e, posteriormente, assume o mandato como deputado federal, no ano de 1983[27], período em que Brizola está como governador do Rio de Janeiro e Darcy é o seu vice-governador. Já Lélia, também militante do MNU, primeiro se filiou ao Partido dos Trabalhadores – PT e, posteriormente, por influência tanto de Abdias, como de Darcy, transferiu-se ao PDT. Lélia, como também Abdias, questionava a capacidade da esquerda em absorver com a devida densidade a questão racial em seus programas políticos. Foi por esse motivo que Lélia se desfilia do PT – com fortes críticas à fração carioca do partido – questionando a atenção dada para as pautas da comunidade negra[28]. No entanto, em termos interseccionais, a questão de gênero se

---

26 Ver C. Moura, *Brasil: Raízes do Protesto Negro*.

27 Ver S. Almada, *Abdias Nascimento*.

28 Lélia González, falando sobre sua saída do PT: "Eu mudei de partido por uma razão simples. É conhecido de todos que o PT do Rio de Janeiro acabou ficando restrito a determinados setores, e que são majoritários no PT, e não realizam um trabalho efetivo na questão racial. Então, meu último sentimento em relação ao PT do Rio – eu quero frisar que só estou me referindo ao Rio de Janeiro, porque, se eu estivesse em São Paulo, eu não teria saído do partido – foi vê-los como uma vanguarda falando para quatro paredes. O PDT no Rio possui um amplo respaldo popular, e dentro desse respaldo a questão racial é tratada com muito mais atenção. A razão fundamental foi essa, o próprio programa partidário, diferentemente dos outros partidos, antes de entrar no programa propriamente dito, ele declara suas prioridades, e veja que essas prioridades são a criança, o trabalhador, a mulher e o negro. (L. González, Entrevista ao *Pasquim*, 1986, em F. Rios; M. Lima, *Por um Feminismo Afro-Latino Americano*.)

fez presente na experiência partidária de ambos, uma vez que Abdias teve uma relação diferente do que teve Lélia com os grandes quadros políticos do PDT, tendo um apoio mais efusivo. Já Lélia teve uma segunda experiência frustrada em termos de política institucional e partidária: "Ele [Darcy Ribeiro] tinha me seduzido para me candidatar e a Lélia também, e a outros, né? Ele falou: eu faço sua campanha. Não fez nada. Nem da Lélia. A Lélia ficou danada. E quando nós perdemos eu perguntei: "Por que você fez isso com a gente?" "Ah, porque o partido precisava dos seus votos."[29]

Esse trecho de entrevista da Rose Marie Muraro, que fez dobradinha com Lélia González pelo PDT nas eleições de 1986, é bastante instigante para se refletir sobre tensões em termos de reconhecimento da pauta racial, uma vez que os partidos de esquerda, conforme a própria crítica que Lélia fazia à época, assumiam formalmente o enfrentamento ao racismo, mas, por sua vez, não havia, necessariamente, o reconhecimento político do sujeito negro enquanto agente transformador, sobretudo quando estamos falando de mulheres negras.

Essa tensão já se revela em termos teóricos quando do lançamento do livro *Discriminação e Desigualdades Raciais no Brasil*, de Carlos Hasenbalg, no ano de 1979, em que se estabelecia um novo paradigma de pensar a política específica frente às iniquidades do Estado. Em outras palavras, com esse lançamento, as políticas universalistas no combate às desigualdades sociais passam a ser questionadas, na medida em que se averiguava que mesmo as desigualdades sociais eram vivenciadas de maneiras distintas pelos grupos raciais. A comunidade negra, portanto, deveria ser alvo de políticas específicas com fins de ter seus pleitos contemplados. Essa tese ganha mais densidade e força com os livros *Lugar de Negro* e *Relações Raciais no Brasil Contemporâneo*, o primeiro de Carlos Hasenbalg com Lélia González e o segundo também de Hasenbalg, agora com Nelson do Valle Silva.

---

29 R.M. Muraro, Entrevista, em A. Ratts; F. Rios, op. cit., p. 124.

Esse debate todo se dava quando do processo de rede-mocratização do país, período em que houve uma das mais significativas plataformas de debate público sobre os rumos da nação. Nesse sentido, os grandes operadores políticos tentaram sintetizar as demandas e pautas de um conjunto muito variado de agentes sociais, dentre eles o movimento negro.

A correlação de forças políticas era complexa e mul-tideterminada. De um lado, os múltiplos agentes políticos da época, em suas variadas formas, sejam as associações, os movimentos sociais, as frentes políticas amplas, eram lideradas por dois setores importantes da luta de classes: os operários e os camponeses. O surgimento do Movi-mento dos Trabalhadores Sem Terra – MST, da Central Única dos Trabalhadores – CUT, mas, principalmente, do Partido dos Trabalhadores – PT e do PDT, canalizavam essas múltiplas forças políticas. A ênfase política era, sem dúvidas, o trabalhador urbano, em especial o operário, no caso do PT, e a união entre franja marginal e trabalhador formal, no caso do PDT.

Já as elites dominantes, sejam os setores nacionais com seus interesses próprios, capitais nacionais satélites dos interesses externos e mesmo o próprio capital internacio-nal diretamente inserido na economia e política nacionais conseguiram, ao longo desse período, arrefecer a força insurgente e pautar, como sempre ocorreu na história do Brasil moderno, que a arena dessas disputas sobre os rumos do país fosse em terreno próprio, ou seja, nos mar-cos do institucionalismo. Essa espécie de vocação para a conciliação, da "mudança pelo alto", nas instituições, de mudar a forma para manter o conteúdo, é uma boa síntese para o que se deu na segunda metade da década de 1980. O que foi possível, mesmo com a ascensão das lutas de massas, foi uma constituição federal de natureza social--democrata em que, por meio da ação estatal, as questões sociais seriam enfrentadas. Em termos gerais, esse novo pacto civil garantia e ampliava a noção de cidadania e direitos para a população brasileira como um todo. Em termos políticos, efetiva uma nova quadra histórica, em que parte da esquerda atuaria na institucionalidade, em cargos executivos e legislativos.

Sobre esse novo ciclo histórico, as leituras sobre essa conjuntura foram variadas entre os círculos da esquerda. No campo anticapitalista, Florestan Fernandes era uma das vozes que bradava para que a esquerda, em especial o PT, usasse esse espaço institucional do ponto de vista tático para a estratégia socialista, acompanhando sempre uma ampla movimentação da sociedade civil organizada[30]. Darcy Ribeiro, por sua vez, já era um estadista convicto e, portanto, olhava para essa nova quadra histórica como quem via renascer a esperança de melhorias das condições de vida do povo.

O pujante movimento negro das décadas de 1970 e início da década de 1980 viveu um momento de rearticulação ao longo das décadas de 1990 e início dos anos 2000. Em sua versão institucional e parlamentar, já em fins da década de 1980, articula um conjunto de garantias e de direitos no âmbito da Assembleia Constituinte[31]. Promove, assim, nesse contexto, alguns avanços que, nas décadas seguintes, serão aprofundados a partir da movimentação e agitação social.

Porém, a década de 1990, e ao longo dos anos 2000, o que se viu foi o aprofundamento da crise social, muito por conta das gestões neoliberais de Collor, Itamar Franco, Fernando Henrique Cardoso, e das gestões petistas que, cada um ao seu modo, executaram políticas sociais em um cenário neoliberal.

No ritmo do navegar é preciso, assumindo uma postura pragmática frente a *realpolitik*, desde a Marcha Zumbi (1995), e depois nos eventos preparatórios para a Conferência

30 Ver F. Fernandes, *Reflexões Sobre a Construção de um Instrumento Político*.
31 Ver N. Neris, *A Voz e a Palavra do Movimento Negro na Constituinte de 1988*.

Internacional de Durban, o movimento negro local assume uma postura que o qualifica e o faz assumir a vanguarda da luta antirracista internacional. Em sendo uma articulação em formato de frentes, sofreu os desgastes das diferenças políticas internas, além de ser absorvido pelos novos ares do capitalismo mundial: o deserto neoliberal da década de 1990, que jogou uma pá de cal nos sonhos revolucionários. Por outro lado, forjou quadros técnicos em um conjunto de organizações não governamentais que souberam ler os novos ventos e mover os moinhos que alcançariam agora não só o diagnóstico do racismo, como também formulações concretas de enfrentamento a ele: interpelar o mercado e o Estado em termos de reparação histórica e inclusão[32].

Como expressão "ideoteórica" dessa nova fase do capitalismo, o liberalismo progressista e o desenvolvimentismo de verve social-democrata se afirmavam como correntes políticas que se desdobravam em elaborações teóricas que absorviam os dilemas sociais da população negra. Assim sendo, essa nova etapa exigiu a produção de um conhecimento que se absorvesse as pautas civilizatórias históricas e que apresentava, aparentemente, soluções de curto prazo a elas: diversidade como horizonte ético e realinhamento do mercado e do Estado como soluções às essas demandas. Nesse sentido, alguns autores seguirão uma linha analítica em que há a compreensão de que a discriminação racial produz uma identidade marcada pela diferenciação. Maria Aparecida da Silva Bento e Fúlvia Rosemberg, na psicologia, Antônio Sérgio Guimarães, na sociologia, Marcelo Paixão, na economia, Sueli Carneiro, na filosofia, e Kabengele Munanga, na antropologia, são exemplos de autores que contribuem com estudos que buscam evidenciar a especificidade das relações raciais no Brasil.

Além da agenda da luta antirracista estar sob novo marco histórico, a forma como se produz conhecimento também passou, nesse ínterim, por uma mudança radical.

32 Ver D. de Oliveira, *Racismo Estrutural.*

Leituras mais generalistas e estruturais foram perdendo força para análises mais específicas e especializadas. Era a crise das grandes narrativas e, em última instância, o fim da utopia revolucionária. Nesses termos, a obra de Darcy Ribeiro passa pelo escrutínio do movimento negro. Kabengele Munanga foi um dos autores que, nessa seara, confrontou as teses de Darcy sobre sua interpretação da formação social brasileira, em especial o tema da mestiçagem. Em *Rediscutindo a Mestiçagem no Brasil: Identidade Nacional Versus Identidade Negra*, Munanga passa em revista o pensamento social brasileiro, facultando a ele um dos grandes entraves para a consolidação de uma agenda antirracista. Enquanto estrutura, o pensamento social brasileiro, em geral, sistematizava, seja pela afirmação ou pela omissão, o mito da democracia racial, mesmo as teses de Darcy, que seriam sua versão progressista: "Se Darcy Ribeiro acreditava na existência de uma cultura brasileira mestiça, o que é uma visão unicultural do Brasil, os movimentos negros contemporâneos defendem a construção de uma sociedade plural, biologica e culturalmente."[33]

Para Munanga, pesa contra a teorização de Darcy um acúmulo de experiências concretas de discriminações e desigualdades:

Por isso, vejo difícil a tomada de consciência ao nível grupal dos diversos mestiços (mamelucos, mulatos e outros) para se autoproclamarem como povo brasileiro, com identidade própria, mestiça. Esse processo teria sido prejudicado pela ideologia e pelo ideal de branqueamento. Se todos (salvo as minorias étnicas indígenas), negros, mestiços, pardos – aspiram à brancura para fugir das barreiras raciais que impendem sua ascensão socioeconômica e política, como entender que possam construir uma identidade mestiça, quando o ideal de todos é branquear cada vez mais para passar à categoria branca?[34]

Munanga, seguindo um raciocínio também caro à Clóvis Moura, questiona não só factualidade histórica da noção

---

33 *Rediscutindo a Mestiçagem no Brasil*, p. 96.
34 Ibidem, p. 102.

de mestiçagem empregada por Darcy como elemento unificador da cultura brasileira, como também alerta para a questão de que essa convenção de povo, tal como trabalhada por Darcy, ainda era reflexo de um pensamento iluminista e sua concepção unitária de Estado-nação, anacrônico para a contemporaneidade, que caminha para reflexões outras sobre nações multiculturais.

Na esteira do "entre esquerda e direita, sei que continuo preta"[35], esse adágio político do movimento negro contemporâneo, a obra de Darcy se tornou uma espécie de retorno do recalcado: antes, o pensamento culturalista conservador de Gilberto Freyre era o "inimigo a ser vencido", agora o pensamento culturalista progressista de Darcy era a pedra no sapato da luta pelas políticas específicas de reparação histórica, uma vez que seu pensamento sobre mestiçagem era o "jeitinho intelectual à brasileira" do humanismo formal iluminista, que sempre impediu os grupos subalternos de falarem sobre si, e que sempre relegou a questão racial a uma condição de descaracterizados numa massa de despossuídos que sofrem o peso do capitalismo periférico. Ora, se todo mundo é mestiço, não tem por que lutar pelo enfrentamento ao racismo e sim pelas questões estruturais, comuns a todos os grupos. O problema é que o movimento negro já tinha experiência de que políticas universalistas não alcançam a especificidade racial. Daí a inversão da pauta: evidenciar o racismo para encarar as desigualdades raciais[36]. Ao enfrentar o racismo, conjugar desigualdade e educar o país para a pluralidade[37].

Novo Pacto Social: Tornar o Impossível Possível

Quando se olha em retrospecto para o momento em que as teses particularistas ganharam o debate público, permi-

35 Ver B. Santana, *Continuo Preta.*
36 Ver M. Theodoro, *A Sociedade Desigual.*
37 Ver N.L. Gomes, *O Movimento Negro Educador.*

tindo o avanço de conquistas pautadas pelo movimento negro, tais como ações afirmativas nas universidades e nos concursos públicos, a Lei 10.639/2003, que tornou obrigatório o ensino da cultura e história afro-brasileiras na educação formal, pensar a obsolescência de Darcy Ribeiro é quase uma dedução lógica.

Soma-se o fato de que há, em termos das relações raciais no Brasil, novas agendas e atores. Esse é o caso da temática indígena e seu levante que, ao longo das primeiras décadas do século XXI, entrou numa nova fase, em que se tem um evidente protagonismo de povos indígenas em várias esferas da sociedade brasileira[38]. Com seus intelectuais e escritores, artistas visuais, representantes políticos na esfera institucional, o movimento indígena entrou em uma fase de resistência perene, mas também de ressignificação das suas estruturas culturais, artísticas, políticas e espirituais.

O mesmo ocorre com o movimento negro e seus intelectuais orgânicos. Os temas de racismo estrutural, lugar de fala, branquitude, crítica à persistência do colonialismo, epistemicídio, masculinidade, literatura e artes visuais negras, representatividade, entre outros, são pautas colocadas na esfera pública que ampliaram a capacidade da população brasileira de refletir sobre o racismo.

Essas discussões, entrelaçadas como algumas políticas sociais, colocaram em marcha algum nível de mobilidade social de indivíduos pertencentes a esses grupos. A classe média, outrora somente branca, bem a conta gotas, passa a ter um pequeno colorido diferente. Bem mais ampla e colorida ficaram as universidades brasileiras que, a despeito das catracas visíveis e invisíveis, e do conservadorismo epistêmico que atinge a agenda das comunidades acadêmicas, tornaram-se nesse ínterim um pouco menos desiguais e mais populares.

Diante de toda essa movimentação, o pacto social que lastreou a modernidade brasileira precisou ser revisto.

38 Ver T. Assis, O Levante Indígena, *Revista Piauí*, n. 199.

A ideia de país miscigenado caiu por terra e criou um grande mal-estar civilizatório, na medida em que os termos do novo pacto estão longe de serem alinhados. Indígenas e negros, em detrimento da diversidade e eventuais divergências existentes para dentro de suas comunidades, quando colocam seus blocos na rua hasteiam a bandeira de afirmação, e não parecem dar indícios de recuo. Ganha--se, assim, no contexto contemporâneo, uma noção de que mestiçagem biológica e hibridismo cultural não equivalem a identidade comum, pois os processos de identificação e diferenciação passam por múltiplos marcadores sociais e subjetivos e, nesse novo cenário, não convergem mais para a ideia de identidade nacional do século xx.

Darcy, demiurgo dessa ideia de identidade nacional nos marcos de uma utopia socialista morena, tem sua obra de volta à tona nesse momento. O centenário do nascimento de Darcy ocorreu em tempos fraturados, justamente no contexto de diálogos públicos mais bicudos. Entre odes e negações, a análise de José Miguel Wisnik explicita esse mal-estar:

O mito da mestiçagem libertadora tem sido atacado, por sua vez, como uma cortina de fumaça que esconde o racismo estrutural. Mas vale notar que, embora essa denúncia seja feita em geral contra a ideologia da "democracia racial", esta não opera, me parece, como referência fundante no diagnóstico de Darcy Ribeiro, para quem a ideia de nação se impõe e repõe no Brasil justamente para perpetuar privilégios sob o simulacro democrático-representativo! Mais que uma sociabilidade vigente e naturalizada, a democracia racial não deixa nunca de ser, para ele, uma utopia a ser alcançada e um instrumento de luta.

O fato, enfim, é que o próprio mito do povo novo como vocação do país, em sua dimensão profética, mesclada e salvífica, entrou em sintomático recesso no debate brasileiro. Ele reflui ante a resiliência do neoescravismo brutal e profundamente entranhado na sociedade, por um lado, e ante a emergência do racionalismo crítico identitário que se contrapõe ativamente aos dois, por outro. Curiosamente, abalada a promessa do povo novo, é como se a posição indígena e a afrodescendente reivindicassem para si, hoje, a dimensão do testemunho. O que não deixa de ser um sinal de que o modelo analítico de Darcy Ribeiro, embora deslocado, continua a ter um valor operativo instigante, além de altamente inspirador.[39]

Numa intervenção instigante, ainda que quixotesca, Wisnik é voz provocadora da pertinência e importância de Darcy Ribeiro. Sobre essa assertiva não há dúvidas, Darcy é incontornável. O problema é contra quem Wisnik investe sua espada. Ao desconsiderar a dialética entre história e memória dos povos outrora colonizados, ele não escuta que o anúncio dos condenados da terra é por uma nova ontologia e por uma nova gramática social de luta. Em termos filosóficos, essa nova agenda dialoga com aquilo que foi denunciado por Aimé Césaire, quando de sua saída do Partido Comunista Francês – PCF:

A minha concepção do universal é a de um universo rico com todo o particular, rico com todos os particulares, aprofundamento e coexistência de todos os indivíduos. Então? Então, temos de ter a paciência de retomar o trabalho, a força para refazer o que foi desfeito; a força para inventar em vez de seguir; a força para "inventar" o nosso próprio caminho e desobstrui-lo de formas já feitas, formas petrificadas que o obstruem. Em suma, nós consideramos agora que temos o dever de unir os nossos esforços com os de todos os homens que amam a justiça e a verdade, para construir organizações que podem ajudar as pessoas negras de modo honesto e eficiente na sua luta para hoje e amanhã: luta pela justiça; luta pela cultura; luta pela dignidade e liberdade.[40]

A nova ontologia indica não mais uma síntese, mas sim uma unidade do diverso. Esse uno é indivisível, portanto, não passível a dissolução. É ser indígena e negro, sem precisar se tornar moreno para caber o branco e ter passabilidade na marcha rumo a civilização. Em termos políticos, o que se reivindica é algo que vai ao encontro de uma elaboração da raça e política em termos mais complexos do que a utopia morena de Darcy alcançou.

39 O Intérprete Transbordante, *Utopia Brasileira*, p. 44.
40 A. Césaire, Lettre à Maurice Thorez..., *Écrits Politiques*, p. 394. (Tradução nossa.)

É projetar experiências tais como as dos Estados pluri-nacionais, como é o caso recente da Bolívia, em que as etnias e povos indígenas são reconhecidas pelo Estado como entes políticos. O próprio Darcy reconheceu que, no limiar do século xx e no início do século xxi, essa poderia ser uma possibilidade para a América Latina, tal como se via acontecer em algumas regiões do mundo[41].

Agora, por outro lado, Wisnik é certeiro em relembrar o quão importante é o legado desse *intérprete transbordante*[42] que foi Darcy. E talvez aqui esteja a magnitude de sua obra: percorreu, tal como grande parte dos intelectuais de sua gera-ção, os mais variados aspectos da experiência brasileira, tanto do ponto de vista histórico como contemporâneo. Desse modo, refletiu sobre a educação pública, tanto fundamental como superior; a questão da economia e da política, tanto a instituinte como a instituída; reviu o tema da formação da classe trabalhadora e seus tipos sociais; percorreu o tema do *éthos* nacional. Grande parte dos temas sociais aos quais dedicou sua reflexão ainda permanecem como flagelos da sociedade brasileira, mas sob um novo quadro. Justamente por conta do esforço seu e da sua geração, aliados da classe trabalhadora que foram, *o povão* teve conquistas, nos mar-cos legais, mas também vivenciou avanços reais. Há miséria, fome, desigualdade, educação pública cambaleante e tantos outros aspectos sobre os quais debateu Darcy em sua vasta obra, mas há também uma grande diferença do ponto de vista das estruturas de consciência. A cidadania pelo con-sumo, a nova ética protestante que dá guarida aos flagelos da alma dos de baixo, a violência urbana e rural, a experiência de um partido de base popular no governo, com seus êxi-tos e frustrações. Todos esses temas no contemporâneo só podem ser analisados, evidentemente, por uma perspectiva interseccional, tal como indicam os avolumados estudos que demonstram, dia após dia, o quão substantivo é o racismo.

41 Ver A Nação Latino Americana, *América Latina*.
42 Ver J.M. Wisnik, O Intérprete Transbordante, op. cit.

Nesse sentido, a análise global e totalizante de Darcy deve ser retomada criticamente, não como bússola, mas como referência de possíveis caminhos a serem perseguidos. É provável que essa tarefa de pensar o Brasil precise de um empenho coletivo, uma vez que, como caracteriza François Dosse, esse tipo de intelectual profético, categoria da qual Darcy fez parte, não está mais na ordem do dia, pois o tempo presente se caracteriza pela existência de intelectuais específicos e especialistas, cuja agenda tem sido a de adiar o fim do mundo[43].

Pois bem, o caminho se faz no caminhar, e essa geração pretende viver seus próprios erros, ter seus próprios medos e viver os seus próprios sonhos e, quem sabe, tornar o impossível possível.

---

43 Ver Luís Costa; Paulo Henrique Pompermaier, Refazer a Utopia, *Revista Cult*, n. 300.

8. DARCY-EDUCADOR E A EDUCAÇÃO PARA A LIBERDADE: UM DIÁLOGO CRÍTICO[1]

Geo Santana

Começando a Conversa

Este capítulo se nutre do dia a dia como professora de escola pública, por pesquisas, vivências e estudos em educação autônoma e, principalmente, pelo trabalho como educadora na exposição Utopia Brasileira: Darcy Ribeiro 100 Anos[2]. Junto aos grupos de visitas e com as companheiras de trabalho, passamos a costurar uma visão crítica

---

1 Para acompanhar este texto, fiz uma lista de músicas, disponível em: G. Santana, Educação e Liberdade, *YouTube*.

2 A exposição esteve em cartaz de 18 de novembro a 25 de junho de 2023, no Sesc 24 de Maio, na cidade de São Paulo, e parte de seus arquivos pode ser consultada no site do Sesc-SP.

da educação na vida e obra de Darcy Ribeiro. Aqui tento sintetizar a tarefa de abrir um diálogo a partir de algumas impressões, questionamentos e desejos ligados à educação que Darcy sonhou e construiu, sendo esse um trabalho coletivo, contínuo e longe de se fixar ou finalizar neste texto.

A motivação para riscar linhas críticas sobre educação, a partir do pensamento de Darcy Ribeiro, também pode ser entendida como uma forma de seguir no exercício da utopia de uma educação popular e libertária. Mas em qual sentido de popular? E libertária para quem? Ou, como sigo me perguntando: o Brasil e a educação que Darcy sonhou ainda é ou algum dia foi aquilo que queremos?

No contexto do curso Darcy Ribeiro: Pensamento e Ação[3], tinha-se a proposta de debater seu legado e refletir sobre continuidades e rupturas, com recortes para sua teoria e atuações nos campos do trabalhismo brasileiro, da antropologia – no trabalho junto aos povos indígenas kadiwéu, ka'apor, kaingang, karajá e xokleng[4] –, da sua relação com o pensamento social latino-americano e brasileiro, da discussão de temas ligados à mestiçagem, o nacional desenvolvimentismo e a educação. Dentre diferentes temáticas, poderosas visões críticas ergueram a voz acerca do que Darcy fez e pensou, tecendo leituras sobre o mundo e outras possibilidades de vivê-lo e criá-lo.

Na discussão sobre educação, estabelecemos alguns tópicos sobre liberdade, educação popular (*com* o povo e não *para* o povo) e luta pela educação nos tempos atuais. Trago neste ensaio alguns dos pontos partilhados na mesa que realizei durante o curso, intitulada Educação Como Prática de Liberdade: Darcy Educador, mas também caminharei por aqui com outras experiências de escrita,

3. Realizado no Centro de Pesquisa e Formação (CPF) do Sesc-SP entre os dias 14 e 23 de março de 2023.

4 Berta Gleizer Ribeiro, pesquisadora e antropóloga (1924-1997), foi uma figura ativa nas pesquisas e trabalhos com povos indígenas. Com Darcy, lançou *Arte Plumária dos Índios Kaapor*.

articulando documentos, recursos audiovisuais e relatos de vida, disponíveis nas notas de rodapé do texto.

Proponho uma breve análise de alguns pontos marcantes no pensamento de Darcy Ribeiro e, em seguida, analiso três projetos do educador, bastante expressivos: 1. o projeto que originou a Universidade de Brasília – UNB, desenvolvido por Darcy e colegas e tido posteriormente como referência para a construção de outras universidades no Brasil e na América Latina; 2. a Lei de Diretrizes e Bases da Educação Brasileira – LDB, de 1996, da qual Darcy foi um dos redatores; 3. os Centros Integrais de Educação Pública – CIEPS, com pistas para compreender o que Darcy entendia como educação básica na prática.

Ao mesmo tempo que caminharemos por esses três projetos, contaremos também com ensinamentos de movimentos sociais diversos, referências para o trabalho que nos cabe aqui e também na vida, para pensar e construir a educação como prática da liberdade e da autonomia. Afinal, é nas ruas e na luta que conquistamos diversos direitos e criamos formas de nos educarmos com o mundo, aprendendo e ensinando diariamente, desde muito pequenos.

O convite é para que "passemos os zoinho", como dizem as mais velhas, no que foi pensado, criado e sonhado de forma crítica, para acelerar a "marcha nos progressos" – aqui relacionado ao sucesso coletivo, como apontam vários *funkeiros* e *funkeiras* do mundão, e não como o progresso modernizador, que passa por cima dos de baixo.

Nesse sentido, a educação que queremos pautar é aquela construída por quem a vive diariamente e que, muitas das vezes, presencia do lado de fora da vitrine a execução de decisões, recursos e abordagens, promovidos por quem não os vive. Sabemos que essa conta não fecha, uma vez que pessoas, coletivos, movimentos sociais, famílias e territórios inteiros vêm desde sempre somando e construindo lutas por direitos como educação, saúde, moradia, terra, alimentação, transporte, trabalho e melhores condições de vida. Essa resistência se dá muito antes dessa terra ser chamada de Brasil, como apontam os povos originários e, certamente, se dará muito após, atravessando aquilo que conhecemos como nação. Na maioria das vezes, construída pelas brechas e fissuras, nas margens daquilo que os de cima querem fazer descer goela abaixo das pessoas, as lutas criam suas próprias formas de se educar, *com* as pessoas e não para as pessoas, em um compromisso que segue por toda a vida e não se encerra quando o mandato político ou a verba acabam.

Contextualizando:
Um Olhar Recortado em Três Pontos Críticos

Ao longo do curso que originou este livro, voltamos o olhar para diversas faces de Darcy Ribeiro: escritor, pensador, antropólogo, político, educador, brasileiro, latino-americano, dentre outras. Além de descrever sua intensa atividade em diversas áreas, essas faces ou peles – como Darcy costumava dizer em escritos e entrevistas – o localizam no mundo, demonstram seus posicionamentos e contradições, suas utopias e desejos para si e para o coletivo.

Ainda que repartidos para concentrar os conteúdos de forma mais aprofundada, sabemos que, na sala de aula ou na vida cotidiana, a educação perpassa todos esses lugares, dialogando com os muitos outros saberes da vida. Dessa forma, ser educador ou educadora não se separa em disciplinas, cursos, matérias, títulos ou atribuições, se forma junto daquilo que somos e acreditamos, com companheires de vida, trabalho e luta, em especial nos posicionamentos que tomamos diante de desigualdades e problemáticas. Nesse sentido, Darcy não apenas denunciou o "moinho de gastar gente"[5], como também atuou em diversos espaços políticos e, entre salas de aula da universidade e discursos como parlamentar, afirmava que era preciso "inventar o

5 Ver D. Ribeiro, *O Povo Brasileiro.*

Brasil que queremos", inclusive sua educação. Mas como pensar esse país? E o que significa inventá-lo?

Em *Pedagogia da Autonomia*, temos um alerta: ensinar exige criticidade, tanto para educadores quanto educandes. Em outras palavras, uma postura crítica significa não se conformar com o que está dado, intervindo no mundo com posicionamentos e com consciência daquilo que nos localiza nele, incluindo as questões, problemáticas e camadas (de classe, gênero, raça, sexualidade, territorialidade e tantas outras que surgirem) que permeiam as leituras de mundo que fazemos e as leituras que o mundo faz de nós. É essa criticidade que leva a agir nas escolas, nas ruas, junto a grupos sociais, políticos e culturais, fazendo de nós educadores-educandos e educandos-educadores. Ou seja, quebrando a dicotomia e as hierarquias entre quem ensina e quem aprende.

Nesse sentido, Darcy só pôde ser o educador que foi – em suas realizações e contradições, que discutiremos mais à frente – porque era também antropólogo, político, escritor e tantos outros, em tantas outras peles. Atuou na educação, em universidades, aldeias, museus, gabinetes parlamentares e assembleias políticas, dentre outros lugares incontáveis.

Partiremos então dessa localização no mundo para compreender algumas das camadas do mineiro nascido em 1922, que, após uma tentativa no curso de medicina, se mudou para São Paulo e cursou Antropologia na Escola Livre de Sociologia e Política, no ano de 1946.

Do ano que nasce, marco da Semana de Arte Moderna[6] a 1997[7], ano que faleceu, existiram alguns Brasis: da arte e

---

6 Atualmente, a Semana de Arte Moderna de 1922 conta com importantes questionamentos acerca de suas produções, conceitos, lugares e não lugares das relações raciais, sociais e de gênero. Para saber mais veja os portais e/ou exposições: 1. Projeto Diversos 22 do Sesc-SP; 2. Série de vídeos do *Itaú Cultural*.

7 Darcy Ribeiro faleceu em 17 de fevereiro de 1997, em Brasília-DF. Em 2022, centenário de seu nascimento, diversos eventos e atividades ▷ ▷ foram organizadas em torno da data. Para saber mais confira: 1. Exposição Utopia Brasileira; 2. *Revista Darcy*, n. 28.

suas ausências, em 1922, passando pela violência das ditaduras varguista e civil-militar, caminhando pela promessa de um Brasil democrático no final da década de 1980, por novos e acentuados conflitos mundiais nos anos 1990, pela ascensão do neoliberalismo, dentre tantos outros acontecimentos. Darcy acompanhou muitos desses eventos, sendo também atravessado por eles: exilado em 1964 no Uruguai, passa a trabalhar na reconstrução de diversas universidades e, de volta ao Brasil em 1976, sonha e realiza o CIEP, proposta de educação pública integral.

Entre sonhos e fazimentos, Darcy encontrou muitas parcerias. Dentre elas, o encontro com o educador Anísio Teixeira, entre os anos de 1957 a 1961, no Instituto Nacional de Estudos e Pesquisas Educacionais – INEP, onde passou a trabalhar como diretor. Com Anísio, o qual chamava de mestre, Darcy recalcula seus caminhos profissionais e pessoais, adentrando o campo da educação de forma mais intensa. Esse encontro não apenas mobiliza projetos e parcerias, mas define muito de seu pensamento sobre educação.

Anísio Teixeira (1900-1971), educador baiano, criador das escolas-parques no mesmo estado, foi um dos escritores do *Manifesto dos Pioneiros da Educação Nova*, de 1932[8], que continha princípios que valorizavam uma educação laica, integral, gratuita e democrática. Com foco nos estudantes e na instituição escolar, o manifesto se inicia apontando algumas das causas dos problemas da educação brasileira, em especial a ausência de sistematização de planos e objetivos para a educação nacional:

Onde se tem de procurar a causa principal desse estado, antes de inorganização do que de desorganização do aparelho escolar, é na falta, em quase todos os planos e iniciativas, da determinação dos

8 Criado por 26 educadores e intelectuais, no contexto da ditadura varguista, o documento pretendia apontar diretrizes a respeito da reconstrução educacional brasileira. Pode ser lido na íntegra no site do Inep.

fins de educação (aspecto filosófico e social) e da aplicação (aspecto técnico) dos métodos científicos aos problemas de educação. Ou, em poucas palavras, na falta de espírito filosófico e científico. [9]

Apontam ainda que os conceitos de educação, suas metodologias e definições curriculares, legislativas, práticas e o que se considera como qualidade dizem respeito a tempos e sociedades historicamente construídas, diferenciando-se conforme os momentos e ideais presentes no país.

O *Manifesto* critica o modelo de educação tradicional vigente no período e propõe um novo, baseado nas escolhas pelas capacidades dos estudantes e não mais por sua condição financeira ou seu histórico familiar. Teoricamente, essas escolhas seriam feitas a partir de oportunidades iguais.

A educação nova, alargando a sua finalidade para além dos limites das classes, assume, com uma feição mais humana, a sua verdadeira função social, preparando-se para formar "a hierarquia democrática" pela "hierarquia das capacidades", recrutadas em todos os grupos sociais, aos quais se abrem as mesmas oportunidades de educação. Ela tem por objeto organizar e desenvolver os meios de ação durável com o fim de "dirigir o desenvolvimento natural e integral do ser humano em cada uma das etapas de seu crescimento", de acordo com uma certa concepção do mundo. [10]

Embora faça uma importante crítica ao modelo tradicional de educação, operado pela e para burguesia, existem alguns tensionamentos nos campos sociológicos e pedagógicos, tanto no que diz respeito aos princípios da individualização ou capacidades, reforçados pelo manifesto a partir da ideia de capacidades ou aptidões, quanto na própria concepção de educação, enquanto uma problemática que deve ser solucionada de forma a construir um ideal de país.

9 Ver F. Azevedo et al., *Manifestos dos Pioneiros da Educação Nova (1932) e dos Educadores (1959)*, p. 34.
10 Ibidem, p. 40.

Como reforça, há ganhos e problemas no pensamento escolanovista: por um lado, a crítica às metodologias de ensino tradicionais, propondo novas formas de aprender e ensinar, o reconhecimento das especificidades pedagógicas e psicológicas das crianças, entendendo-as em camadas subjetivas, sociais, pedagógicas etc.; e, por outro, a visão individualista tratada no *Manifesto* busca promover e recompensar quem se mostra mais capaz, exitoso e esforçado, esquecendo (ou propositalmente querendo esquecer) que as ditas capacidades e o sucesso escolar se relacionam diretamente às condições de classe, gênero e raça, com quem era lido como cidadão e quem tinha direito e acesso à escola[11].

Na construção de um Brasil nação, critérios de diferenciação e exclusão de populações inteiras também se fazem presentes na educação, tendo muitas vezes a tônica da unidade nacional (seja essa territorial, populacional, cultural ou linguística) sendo mobilizada como pressuposto para se existir uma nação ou povo brasileiro. É justamente essa educação, chamada tradicional, que foi construída durante o período que vemos nos livros didáticos, como as últimas décadas do Brasil-Império (1822-1889), seguindo pela Primeira República ou República Velha (1889-1930).

Para além dos nomes e datas nos livros, o que quero chamar atenção aqui é justamente para um projeto de segregação de grupos específicos da sociedade, que caminha junto com um projeto de Brasil-nação, a partir de uma construção que combina higienismo social, violências de gênero e racismo de Estado, presente especialmente nas instituições escolares. Nesse sentido, recorto aqui três rastros ou documentos:

Decreto n. 1.331-A, de 17 de fevereiro de 1854, que aprova o Regulamento para a reforma do ensino primário e secundário do Município da Corte, onde:

11 Ver M.H. de S. Patto, *A Produção do Fracasso Escolar*.

138

Art. 69. Não serão admittidos à matrícula, nem poderão frequentar as escolas:

§ 1º Os meninos que padecerem moléstias contagiosas.

§ 2º Os que não tiverem sido vacinados.

§ 3º Os escravos.[12]

Decreto nº 7031, de 6 de setembro de 1878, que cria os cursos noturnos para adultos nas escolas públicas de instrução primária, no qual:

Art. 5º Nos cursos noturnos poderão matricular-se, em qualquer tempo, todas as pessoas do sexo masculino, livres ou libertos, maiores de 14 anos. As matrículas serão feitas pelos Professores dos cursos em vista de guias passadas pelos respectivos Delegados, os quais farão nelas as declarações da naturalidade, filiação, idade, profissão e residencia dos matriculandos.

Art. 6º Não serão admittidos á matricula pessoas que não tiverem sido vacinadas e que padecerem moléstias contagiosas.[13]

Constituição de 1934:

Art. 138 - Incumbe à União, aos Estados e aos Municípios, nos termos das leis respectivas:

a) assegurar amparo aos desvalidos, criando serviços especializados e animando os serviços sociais, cuja orientação procurarão coordenar;

b) estimular a educação eugênica;

c) amparar a maternidade e a infância;

d) socorrer as famílias de prole numerosa;

e) proteger a juventude contra toda exploração, bem como contra o abandono físico, moral e intelectual;

f) adotar medidas legislativas e administrativas tendentes a restringir a moralidade e a morbidade infantis; e de higiene social, que impeçam a propagação das doenças transmissíveis;

g) cuidar da higiene mental e incentivar a luta contra os venenos sociais.[14]

Esses traços marcantes de uma noção meritocrática liberal, onde a educação opera enquanto lugar mercantilista

---

12 Coleção de Leis do Império do Brasil – 1854, v. 1.

13 Coleção de Leis do Império do Brasil – 1878, Brasília, v. 1.

14 Brasil, Constituição dos Estados Unidos do Brasil, de 16 de julho de 1934. (Grifos nossos.)

e excludente, foi denunciado por Darcy e segue em atualização, presente inclusive na proposta do Novo Ensino Médio, como veremos mais à frente.

Com vistas para a tarefa que nos cabe aqui – a de olhar brevemente para o legado e pensamento educacional de Darcy –, gostaria de puxar o fio da educação escolanovista e emaranhá-lo com outros três, presentes no pensamento de Darcy sobre a educação:

Olhares de Darcy Para a Educação Pública e o Sistema Educacional

Darcy Ribeiro considerava que o sistema educacional, expresso em suas escolas, currículos e cotidiano da educação, era (e segue sendo!) um sistema violento e cruel com educandes, em especial às crianças pertencentes às classes populares.

Em *Educação Como Prioridade*, afirma que a educação pública brasileira produz a exclusão das camadas populares no dia a dia escolar, por meio dos altos índices de analfabetismo, denunciando a escola brasileira e seu caráter seletivo-elitista e apontando alguns caminhos para mudanças: valorização financeira e formativa de seus profissionais; criação de escolas de educação integral, com mudanças nos currículos e nas práticas escolares. Por fim, atribui o fracasso escolar ao descaso, à falta de investimentos na educação e ao que chama de "sequela do escravismo". Em suas palavras:

Nós fomos o último país do mundo a acabar com a escravidão, e esse fato histórico, constitutivo de nossa sociedade, tem um preço que ainda estamos pagando. Com efeito, o escravismo animaliza, brutaliza o escravo, arrancado de seu povo para servir no cativeiro, como um bem semovente do senhor. De alguma forma, porém, ele dignifica o escravo porque o condena a lutar pela liberdade. Desde o primeiro dia, o negro enfrenta a tarefa tremenda de reconstruir-se como ser cultural, aprendendo a falar a língua do senhor, adaptando-se às formas de sobrevivência na terra nova. Ao mesmo tempo, se rebela contra o cativeiro, fugindo e combatendo, assim que alcança um mínimo de compreensão recíproca e de capacidade de se situar no mundo novo em que se encontra.[15]

Poucas linhas acima, vimos algumas pistas a respeito do que conhecemos como educação tradicional, principalmente na educação escolar e seu planejamento para o sucesso e manutenção de privilégios de determinados grupos sociais enquanto controla outros pela exclusão, sendo essa uma ferramenta diretamente ligada a um projeto específico de Brasil. Nesse sentido, ainda que a denúncia de Darcy aponte aspectos importantes da educação pública, com foco na crítica do tratamento da diferença ou no que conhecemos hoje como "fracasso escolar"[16], entendendo-a enquanto marcador para repensar as políticas educacionais e chamando atenção para o país enquanto "moinho de gastar gente" – em especial as crianças estudantes das escolas públicas brasileiras, que muitas das vezes caminham entre o acesso precário e a ausência do acesso à escola, alimentação escolar, materiais didático-pedagógicos etc. – também é importante considerar que o chão da escola é riscado por violências raciais, que vão desde os conteúdos didáticos[17], perpassando as subjetividades nas sociabilidades e nos direitos de crianças negras em idade escolar, em especial as meninas[18].

15 D. Ribeiro, *Educação Como Prioridade*, p. 31.

16 Ver M.H. de S. Patto, op. cit.

17 Conteúdos esses que vêm sendo discutidos através das lutas e conquistas do movimento negro brasileiro, com um marco importante nas leis 10.639/2003 e 11.645/2008, que torna obrigatório o ensino de história e cultura afro-brasileira e indígena, com acúmulos que ultrapassam o mundo das leis e chegam no mundo das crianças, com livros, práticas artísticas, educativas e culturais, dentre outras ações.

18 Como exemplo atual, trazemos aqui os dados da pesquisa A Educação de Meninas Negras em Tempos de Pandemia: O Aprofundamento das Desigualdades, promovida pelo Geledés – Instituto da Mulher Negra, em 2021, com apontamentos para a educação de meninas negras em idade escolar, que tiveram seus direitos educacionais violados, precarizados ou negados, com menor acesso à material didático-pedagógico,▶

Considerar que existe algum tipo de dignidade diante do processo de escravização, que contribuiu para as exclusões educacionais e sociais de grupos não brancos desse território que chamamos de Brasil, é problemática, no mínimo, por duas questões: 1. porque desconsidera o processo de luta, educação e resistência das populações negras enquanto produtora de conhecimentos, epistemologias e formas de vida, e não apenas como resposta ou condenação às violências coloniais[19]; 2. porque, ainda que reconheça as violências raciais que constroem o Brasil, atribui às pessoas que constroem lutas sociais – que muitas vezes envolvem processos de dor, violências físicas e subjetivas, traumas e tantos outros – uma noção de dignidade que lhes foi, em primeiro lugar, retirada.

Grada Kilomba, em seu livro *Memórias da Plantação*, relata como os episódios cotidianos de racismo com populações negras na Alemanha marcam as pessoas subjetivamente, emocionalmente e psicologicamente por toda sua vida[20]. Com isso em mente, pontuamos que se luta, se vive e se resiste, construindo outras formas possíveis de saberes e vida no mundo – e aqui podemos lembrar dos quilombos, assentamentos, ocupações, espaços de educação autônomos, movimentos sociais, bairros e comunidades inteiras que foram criados pelas populações negras, indígenas e pobres –, se distanciando (e muito!) de uma suposta dignidade ou dos conceitos que quem escraviza, explora, violenta, mata e escolariza por meio de formas controladoras quer impor ou teorizar.

▷ equipamentos e internet, maior responsabilização de tarefas domésticas e maiores riscos de diversos tipos de violência.

19 Como, por exemplo, durante o período onde as leis brasileiras proibiam pessoas escravizadas de frequentarem classes escolares, como o Colégio Perseverança, fundado em 1860, na cidade de Campinas-SP, e a escola de Pretextato, em funcionamento de 1853 a 1873, no Rio de Janeiro-RJ.

20 Ver G. Kilomba, *Memórias da Plantação*.

Por Vezes, um Pensamento Educacional Estereotipado, Sem o Protagonismo dos Sujeitos

Como pontuamos anteriormente, Darcy fazia parte de um grupo que se propôs a pensar, ler, refletir, sonhar e realizar o Brasil, com obras que datam do final da década de 1950 até meados dos anos 1990. Em suas diversidades, muitas dessas obras tinham como perspectivas análises críticas com relação à formação social brasileira, sendo algumas das autorias desse grupo importantes referências nas leituras de país, que perpassam questões como cultura, educação, raça, sociedade, economia, gênero e muitas outras.

Abdias Nascimento, Clóvis Moura, Lélia González, Florestan Fernandes, Paulo Freire e tantos outros e outras foram contemporâneos de Darcy enquanto amigos e amigas, companheiros de vida, política e trabalho. Ainda que tenhamos esse contexto como plano de fundo, é importante considerar especificamente o lugar de Darcy Ribeiro nesse bonde.

No artigo "Darcy Ribeiro e os Estudos Pós-Coloniais: Aproximações e Afastamentos"[21], vemos que as próprias bases epistemológicas, ou seja, os referenciais teóricos e conhecimentos que Darcy mobiliza ao longo de sua trajetória, suas atuações nos campos teóricos, educacionais e político-sociais têm como chão ideias que, por um lado, tecem leituras críticas a um Brasil racista e elitista de formação, reconhecendo os processos opressões perpetrados por uma elite branca e trazendo para o debate os históricos de luta dos povos marginalizados e violentados; e, por outro, perpassam ideais eurocêntricos de mundo. Conforme o autor:

O fato de Darcy tentar contar uma nova história do Brasil, através de uma linha não hegemônica, dando voz aos sujeitos que foram frequentemente usurpados da narração da formação da nação, entretanto, não me parece suficiente para estabelecer uma relação entre seu pensamento e os estudos pós-coloniais. O que Darcy

---

21 Ver F.B.A. Pinto, Darcy Ribeiro e os Estudos Pós-Coloniais, *Revista Em Tese*, v. 15, n. 1 (parte II), p. 152-169.

Ribeiro tentou fazer, na análise de Adelia Miglievich, foi dar voz e apresentar aqueles sujeitos que tinham suas vozes silenciadas. No entanto, isso, por si só não constitui uma semelhança com a crítica pós-colonial. Spivak alertou sobre isso em seu importante livro chamado "Pode o Subalterno Falar?" Ela chama atenção ao fato de que, dar voz ao sujeito subalterno, ou àquele sujeito silenciado, pode representar uma grande armadilha, pois, para ela, dar voz ao subalterno significa reproduzir o seu lugar como subalterno. Afirmar suas particularidades, suas diferenças, de forma dada como essencial significa, na verdade, um reforço do discurso colonial.[22]

Apesar de seu pensamento se fazer presente em diversas reflexões sobre educação, inclusive para pensarmos a construção do que chamamos de Brasil e como o sistema educacional opera ferramentas, tecnologias sociais e legislações estruturalmente racistas e higienistas, questiono: o quanto do pensamento de Darcy não perpassa as noções de salvador, numa figura que, ainda que reconheça as violências cometidas às populações pobres e não brancas, se localiza em um lugar fincado em pressupostos ligados a branquitude[23], sem espaço para que as próprias populações construam e digam sobre o que querem como vida, educação, arte, cultura, trabalho etc.?

Por último, gostaria de chamar atenção para uma cena do ano de 1978, onde Darcy Ribeiro discursa ao receber o título de doutor *honoris causa* da Universidade Sorbonne, em Paris:

Sim, como consolação de meus muitos fracassos. Fracassei como antropólogo no propósito mais generoso que me propus: salvar os índios do Brasil. Sim, simplesmente salvá-los. Isto foi o que quis.

22 Gayatri Chakravorty Spivak apud F.B.A. Pinto, Darcy Ribeiro e os Estudos Pós-Coloniais, op. cit, p. 165.

23 Lia Vainer Schucman aponta que a branquitude faz parte de um sistema de poder, onde "esse sistema de poder é todo baseado no que se pensa como branco. A branquitude é uma forma de ver o mundo, é uma forma de estar no mundo. É uma identidade racial branca, só que não pensada como raça, não sentida como raça. É um jeito de trabalhar no mundo racializado e pensado como se fosse neutro. Ver L.V. Schucman, Porque Queremos Olhos Azuis?, Tedx Talks, *YouTube*, jan. 2017.

144

Isto é o que tento há trinta anos. Sem êxito. Salvá-los das atrocidades que conduziram tantos povos indígenas ao extermínio: mais de 80, sobre um total de 230, neste século. Salvá-los da expropriação de suas terras, da contaminação de suas águas e da dizimação da fauna e da flora que compunham o quadro de vida dentro do qual eles sabiam viver; mas cujo saqueio, desapropriação e corrupção convertem a eles também em mortos viventes. Salvá-los da amargura e do desengano, levados às suas aldeias, em nome da civilização, pelos missionários, pelos protetores oficiais, pelos cientistas e, sobretudo, pelos fazendeiros, que de mil modos lhes negam o mais elementar dos direitos: o de serem e permanecerem tal qual eles são. Fracassei também na realização de minha principal meta como ministro da Educação: a de pôr em marcha um programa educacional que permitisse escolarizar todas as crianças brasileiras. Elas não foram escolarizadas. Menos da metade das nossas crianças completam quatro séries de estudos primários.[24]

Com um discurso que opera na chave do salvamento, apagam-se lutas e ações de povos indígenas que vêm lutando desde sempre, sob condições e cosmologias que atravessam e questionam inclusive a noção de salvamento, futuro e de escolarização, tão violentas para os grupos sociais marginalizados. Como apontam diversos movimentos sociais, essa régua já não mede – se é que já mediu um dia – as lutas. No movimento de pessoas com deficiência, temos a frase "nada sobre nós sem nós"; nos movimentos negros, de bairros e territórios, sempre ouvimos "é tudo nosso, depois de nóis é nóis de novo"; com os movimentos indígenas, onde dizeres como "nossa história não começa em 1988" são entoadas contra o marco temporal[25]; dentre

24 D. Ribeiro, Discurso Após Receber o Título de Doutor Honoris Causa da Sorbonne. Paris, 1978. *Redh-Brasil*, jul. 2022.

25 O marco temporal nas terras indígenas é a tese que argumenta que só poderá ser garantido o usufruto das terras caso estas estivessem em posse dos povos indígenas no dia 5 de outubro de 1988, data da promulgação da Constituição Federal vigente. Essa tese, além de desrespeitosa com os povos originários, apresenta um risco de aprofundamento do genocídio e epistemicídio em curso. Saiba mais em: Murilo Pajolla, Extermínio Indígena e Demarcações Paralisadas: Entenda as Consequências do "Marco Temporal", *Brasil de Fato*, set. 2021.

tantos outros, apontam para uma forma de lutar, resistir e viver que dizem respeito às produções e pensamentos dos próprios grupos.

Dentre alguns recortes críticos introdutórios, seguiremos agora para os projetos que Darcy sonhou e construiu, trazendo também lembretes de que a luta pela educação, seu acesso e permanência passam necessariamente pelas ruas e por construções coletivas.

Projetos de um Darcy Educador

Universidade de Brasília: Utopia Coletiva

A Universidade de Brasília – UNB, criada coletivamente por Darcy Ribeiro, Oscar Niemeyer, Anísio Teixeira e outros nomes, foi desenvolvida durante a década de 1960 e inaugurada em 1962, junto com o projeto da capital federal. Nas palavras de Darcy, a UNB era parte de sua utopia, que mais tarde incluiu também a América Latina: "A universidade de que necessita a América Latina, antes de existir como um fato no mundo das coisas, deve existir como um projeto, uma utopia, no mundo das ideias. A tarefa, portanto, consiste em definir as linhas básicas deste projeto utópico."[26]

Para Darcy, era importante que *a universidade necessária* trouxesse diretrizes e linhas gerais, permitindo mudança, transformação ou reestruturação da estrutura de mundo na qual estivesse inserida, atuando como "agente de transformação progressista"[27].

Em seu *Plano Orientador*, temos algumas de suas funções: ampliar oportunidades de educação, diversificar as modalidades de formação científica e tecnológica, contribuir para a cidade de Brasília, auxiliar os poderes públicos com assessoramentos diversos e promover uma

26 D. Ribeiro, *A Universidade Necessária*, p., 168.
27 Ibidem, p. 169.

perspectiva cultural à população[28]. No campo pedagógico, a UNB foi pensada a partir de ideais de descentralização e autonomia, distribuindo sua estrutura em institutos centrais, faculdades profissionais e órgãos complementares. Na época, quem ingressava na UNB passava por um ciclo de dois anos em formação básica e seguia para outras formações mais especializadas.

No contexto da ditadura civil-militar, o ano de 1964 é marcante para a universidade: invadida por militares, houve prisão e perseguição de professores, professoras e estudantes, sob a alegação de subversão. Nos anos que se seguiram, como forma de protesto, mais de duzentos docentes se exoneraram. Esse episódio é relatado por Darcy em diversos discursos e relatos ao longo dos anos, marcando a história, o corpo e a vida de quem o viveu[29].

Ao longo do tempo que esteve em exílio, Darcy passou por diversos países da América Latina levando o projeto da UNB como modelo para criação e reestruturação de outras instituições: Universidad de la República, no Uruguai, em 1964; Universidad de Chile, em 1971; Centro de Participação Social, no Peru, em 1972; universidades do México e Costa Rica, em 1975. E, em 1994, ele comandou a criação da Universidade Estadual do Norte Fluminense, no Rio de Janeiro, que leva seu nome.

Pioneira no sistema de cotas raciais, que passa a vigorar em 2004, após enfrentar um longo processo para efetivá--lo, com debates e manifestações[30], seguida pela aprovação no Conselho de Ensino, Pesquisa e Extensão – Cepe, em 2003. O sistema garantia reserva de 20% das vagas para estudantes negros e disponibilidade de vagas para indígenas, a partir de demandas específicas, conforme aponta a

28 Ver Universidade de Brasília, *Plano Orientador da Universidade de Brasília*.

29 Ver mais sobre a UNB em Série UnB 60 Anos, *YouTube*, jul. 2022.

30 Ver mais sobre o processo de implementação do sistema de cotas raciais no documentário *Raça Humana: Bastidores das Cotas Raciais na UnB*, no site da TV Câmara no *YouTube*.

reportagem com os avanços dos quinze anos do sistema[31]. A Lei 12.711/12, que institui o sistema de reserva de vagas, foi sancionada anos depois[32].

Cabe lembrar que, em um país com dívidas históricas com populações não brancas, a política de cotas se mostra essencial enquanto política de reparação, para garantia do acesso ao ensino superior. Como ressaltado pelo *rapper* MV Bill, no ano de 2008, durante uma participação no programa *Altas Horas*:

Primeiro eu acho que não é verdade que todos os brasileiros têm condições de entrar na faculdade. Não por incapacidade mental, mas todos eles não estão concorrendo em igualdade. Primeiro porque o jovem negro preto que mora em favela, a primeira coisa que ele tem que fazer é tentar dividir, conciliar escola e trabalho [...] Muitos desses jovens que estão fora das universidades, fora das escolas é por conta de uma realidade social, uma realidade social que explode a partir do momento que esse jovem quer ser diferente, ele quer ser visto. Porque quando ele sai da escola, ele entra em um processo de invisibilidade, ele não é visto [...] Eu gostaria muito de ver também muitos jovens de favela pretos sentados nessa cadeira como intelectual, como médico, como advogado. Para isso eles precisam entrar na universidade [...] Eu acho que a universidade traz o conhecimento, tirar a universidade dessas pessoas é empurrá-las diretamente para a marginalidade, pra viver na submissão, no trabalho braçal. A juventude quer aparecer. E eu acho que as cotas, nesse momento, elas acabam sendo uma coisa genial porque vai descentralizar o conhecimento, que acaba fazendo uma modificação muito importante na vida de um jovem de favela.[33]

O sistema de cotas lançado pela UNB foi visto como modelo para diversas outras universidades e segue vigente hoje,

31 Ver S. Veloso, Serena, Aprovação das Cotas Raciais na UnB Completa 15 anos, *Portal UNB Notícias*, 6 jun. 2018.

32 Ver *Lei n. 12.711, de 29 de agosto de 2012*, Que Dispõe Sobre o Ingresso nas Universidades Federais e nas Instituições Federais de Ensino Técnico de Nível Médio e Dá Outras Providências.

33 MV Bill, Mv Bill no Altas Horas/Cotas Raciais (2008), *YouTube*, nov. 2016.

junto com a proposta de vestibular próprio e com o ingresso através do Sistema de Seleção Unificada – Sisu, realizado a partir do Exame Nacional do Ensino Médio – Enem. Ainda que todas essas políticas sejam essenciais e tenham expressado resultados significativos na diminuição das desigualdades educacionais, raciais e sociais do país, não podemos esquecer que o sistema de vestibular ainda é uma enorme catraca simbólica, baseado em um sistema meritocrático que seleciona a partir de uma prova. Em outras palavras, o vestibular atua como um funil social. Junto a essa questão, outras surgem: a falta de investimento em políticas de permanência – que vão desde alimentação, transporte, auxílio para materiais, assistência social, psicológica e de saúde etc., demandas por grades curriculares e quadro de professores mais diversos, metodologias didático-pedagógicas e referências voltadas para a diversidade, vagas em bolsas de estudo, oportunidades de pesquisa e tantas outras que seguem sendo apontadas pelos movimentos negros e estudantis em universidades de todo o país.

CIEPS:
A Utopia de uma Educação Integral Pública Brasileira

Os Centros Integrados de Educação Pública – CIEPS, projeto desenvolvido por Darcy Ribeiro e diversos outros parceiros, foi efetivado durante os dois governos de Leonel Brizola (1983-1987 e 1991-1994), no estado do Rio de Janeiro e durante o governo de Alceu Collares (1991-1994), no Rio Grande do Sul, ambos de gestões pedetistas, partido ao qual Darcy também foi filiado, sendo vice-governador e senador eleito pelo estado do Rio de Janeiro.

Para Darcy, os CIEPS seriam modelo de escola pública que atenderia crianças de forma integral, tanto em tempo, com turmas que passavam o dia todo na escola, quanto em atividades formativas – não apenas aquelas estipuladas nos currículos obrigatórios, como português ou matemática, mas também a educação cultural, social e popular[34]. Para isso, os CIEPS receberiam as crianças durante todo o dia, contando com alimentação e banho, aulas em salas de aula e fora dela, atividades lúdicas, artísticas, físicas, culturais e diversificadas. A oportunidade de estar o dia todo na escola contrariava a política educacional vigente até então – a conhecida escola de turno, onde diferentes turmas frequentam os diferentes períodos da manhã, tarde ou noite –, que, para o educador, era uma verdadeira injustiça cometida contra as crianças e suas famílias, pois impossibilitava sua educação de forma plena.

Para a construção dos CIEPS no Rio de Janeiro, foi desenvolvida uma Fábrica de Escolas, responsável pela produção das peças pré-moldadas de concreto que materializavam os desenhos do arquiteto Oscar Niemeyer. Foram construídas mais de quinhentas escolas, que contavam com ginásios, refeitórios, dormitórios, bibliotecas e áreas para atividades múltiplas. Conjuntamente ao projeto arquitetônico dos CIEPS, havia também os projetos de formação e valorização de professores, as atividades desenvolvidas por animadores culturais, uma nova proposta curricular-pedagógica e articulação com equipamentos assistenciais e de saúde[35].

Com um projeto grandioso em muitos aspectos, Darcy discursava com paixão sobre os CIEPS, em escritos e na televisão, divulgando-o como "a revolução educacional brasileira", procurando repensar as formas nas quais as crianças eram tratadas no ambiente escolar, em especial as crianças pertencentes às populações pobres. A oferta de alimentação, assistência médica, atividades culturais,

---

34 Aqui cabe um parêntese para uma diferenciação: a educação integral é um conceito que trabalha com a educação em sentido amplo, considerando aspectos culturais, sociais, artísticos, pedagógicos, emocionais e subjetivos, dentre outros. Muito além dos muros da escola, a educação integral passa pela vida vivida. Já quando falamos em educação de tempo integral, falamos sobre o tipo de educação (escolar ou não) na qual as pessoas atendidas permanecem por um período estendido e não apenas meio turno (manhã, tarde ou noite, por exemplo).

35 Ver D. Ribeiro, *O Livro dos CIEPS*.

acompanhamento familiar e comunitário como parte fundamental de um projeto de educação significa, para alguns, um suposto assistencialismo ou até mesmo um investimento descabido. Essas foram algumas das críticas feitas na época.

No entanto, como vimos no início desse texto, sabemos que essa perspectiva – a de que pobres não "merecem" qualidade – vem de lugares excludentes e elitistas. É preciso se perguntar: de qual qualidade estamos falando? E quem a definiu?

Além disso, a acusação de assistencialismo desconsidera a garantia do direito à educação paralelo à garantia de outros direitos como saúde, transporte e alimentação. Por exemplo, sabemos que o acesso à escola enquanto espaço físico não se faz sem transporte, assim como sabemos que não se aprende com fome. Essas são questões não devem ser tratadas como "plano de fundo" ou um "gasto a mais", mas sim como direitos que garantem o próprio direito à educação, compreendendo que este não se efetiva apenas no momento que estamos presentes em sala de aula, mas também em aspectos que nos fazem chegar e permanecer nela: a alimentação, práticas e políticas antirracistas, a permanência universitária, transporte etc.

Dessa forma, gostaria de pontuar alguns questionamentos e tensionamentos, a partir da concepção pensada por Darcy para os CIEPS:

1. O controle dos corpos e a padronização das escolas: conforme aponta, a modernidade ocidental e suas formas de produção de um corpo controlado (para o trabalho, para a disciplina etc.) encontra no ambiente escolar uma série de ferramentas para sua efetivação[36]. Nos CIEPS, ao consolidar uma escola pública pensada

36 Ver L.S. Moreira et al., A Educação do Corpo no Programa dos Centros Integrados de Educação Pública – CIEPS, *Pro-Posições*, v. 30, 2019.

prioritariamente para as classes populares, a educação do corpo era uma das mais importantes temáticas em jogo. Havia hora do almoço, hora do banho, corredores largos para circulação, escolas construídas de formas semelhantes e tantos outros elementos que condicionam corpos infantis pobres a hábitos, comportamentos e formas de estar no mundo ligados a conceitos como civilidade, povo, nação e democracia. Conforme aponta:

Enfim, não se tratava de um projeto educacional autoritário, disciplinador, com objetivos pragmáticos de formação de mão de obra para os interesses do capital econômico, mas, sem dúvida, tinha suas contradições inerentes às representações de uma elite intelectual sobre as necessidades educacionais das classes populares. Em outras palavras, seria essa elite intelectual a responsável por idealizar uma escola democrática voltada à autonomia e/ou emancipação das classes populares[37].

2. Como podemos ver no discurso de inauguração do CIEP da Favela da Maré[38], enquanto Leonel Brizola segura uma criança negra no colo, Darcy Ribeiro diz que "o tesouro da Maré, o tesouro do Brasil é isto: são crianças que, sendo educadas nos CIEPs, vão ter futuro, vão poder reformar o país, vão poder fazer aquilo que o Brizola sempre diz, fazer o que nós não soubemos fazer ou não tivemos coragem de fazer". Como aponta: "o discurso oficial – amplamente divulgado na imprensa – acabou por estigmatizar as crianças que na verdade pretendia proteger"[39]. Nesse sentido, também é importante refletir sobre constantemente atribuirmos à infância missões e tarefas caracterizadas por conceitos de um mundo dos adultos, tratando a infância

37 Ibidem.
38 Ver Brizola e Darcy Ribeiro – CIEP Favela da Maré, *YouTube*, nov. 2015.
39 A.C.V. Mignot, Escolas na Vitrine, *Estudos Avançados*, v. 15, n. 42, p. 163.

como algo único, puro ou até mesmo incompleto, a ser preparado para um mundo futuro.

3. Sendo o CIEP uma das muitas escolas públicas, que por dentre as brechas e margens do cotidiano criam formas de resistir e ler *com* o mundo, lembramos também as importantes lições de quem estuda: das lutas secundaristas do Chile, em 2006, na chamada de Revolta dos Pinguins[40], às ocupações secundaristas no Brasil, em 2015 e 2016[41], com mais de duzentas escolas ocupadas entre 2015 e 2016; da educação dos companheiros e companheiras do Exército Zapatista de Libertação Nacional, em Chiapas, no México, à educação no campo promovida pelo Movimento dos Trabalhadores Rurais Sem Terra, em todo o Brasil e, mais recentemente, da luta pela revogação do Novo Ensino Médio – NEM. Com esses exemplos, aprendemos que as escolas verdadeiramente revolucionárias são aquelas onde se criam novas possibilidades de se ensinar e aprender, refazendo o que conhecemos como escola enquanto instituição, na contramão de uma concepção de escola como espaço controlador ou regulador de corpos e conhecimentos.

A Lei de Diretrizes e Bases da Educação Brasileira – LDB e as Utopias de um Brasil-Nação

Citada pela Constituição de 1988, e escrita entre o final da década de 1980 e início da de 1990, a LDB foi (e segue!) pauta de discussões de movimentos sociais, partidos políticos, educadores e sociedade em geral. Entre sua primeira versão, datada de 1961, e a versão de 1971, promulgada

40 Ver João Paulo Charleaux, Há 10 anos, "Pinguins" Marchavam no Chile. Entenda Como Isso Mudou a Educação, *Nexo*, 7 jun. 2016.
41 Ver Ana Luísa Sallas; Luís Antônio Groppo, Ocupações Secundaristas no Brasil em 2015 e 2016: Sujeitos e Trajetórias, *Revista Brasileira de Educação*, v. 27, 2022.

durante a ditadura civil-militar, uma série de questões problemáticas foram denunciadas por Darcy.

Em 1992, junto a outros parceiros e parceiras[42], o educador retoma o texto para rearticular e reescrevê-lo, apresentando um texto substitutivo, discutido e disputado[43] entre os campos privados, religiosos e públicos na educação. Por fim, a lei foi aprovada e sancionada em dezembro de 1996, pelo então presidente da República, Fernando Henrique Cardoso. Posteriormente, foi nomeada como Lei Darcy Ribeiro, uma homenagem ao educador e político.

De modo geral, Darcy traz na proposta de substitutivo um discurso que se localiza na chave dos estudos e pensamentos que desenvolveu ao longo de sua trajetória: questiona o sistema seletivo da escola pública, defende a autonomia das instituições de ensino e a valorização dos profissionais da educação, trazendo temáticas como a organização e as gestões educacionais, suas avaliações, currículos e princípios enquanto uma educação democrática, igualitária em acesso e gratuita quando pública.

A LDB de 1996 também traz as noções de progressão continuada – considera o processo dos educandos nos primeiros anos do ensino fundamental –, o direito à educação perpendicular a outros direitos e, principalmente, a concepção de educação enquanto processo cultural, que se estabelece ao longo da vida e com ela, conforme consta em seu artigo primeiro: "Art. 1º – A educação abrange os processos formativos que se desenvolvem na vida familiar, na convivência humana, no trabalho, nas instituições de ensino e pesquisa, nos movimentos sociais e organizações da sociedade civil e nas manifestações culturais."[44]

42 Ver mais sobre o processo de elaboração da LDB de 1996 em: Yolanda Lima Lobo, Duas Décadas da LDB Darcy Ribeiro, *Terceiro Milênio*, v. 4, n. 1, 2015.

43 Ver Maria Graça Nóbrega Bollmann; Letícia Carneiro Aguiar, LDB – Projetos em Disputa: Da Tramitação à Aprovação em 1996, *Retratos da Escola*, v. 10, n. 19, 2016.

44 Lei n. 9.394, de 20 de dezembro de 1996, Estabelece as Diretrizes e Bases da Educação Nacional.

No tocante aos tensionamentos, o texto substitutivo de Darcy teve uma série de manifestações contrárias, em especial de professores e professoras da rede. Destaco aqui as argumentações de duas professoras da Universidade Federal do Paraná, em artigo intitulado "Por que Não Queremos uma LDB na Contramão da História: Uma Análise do Substitutivo Darcy Ribeiro":

1. A proposta substitutiva restringe o direito à educação pública e gratuita, uma vez que não retoma a educação como dever do Estado e enquanto direito gratuito, restringindo-a "cursos regulares".

2. O texto retoma a dualidade entre os tipos de educação, característico dos tempos de neoliberalismos: para a classe trabalhadora, educação profissionalizante e, para a elite intelectual, a possibilidade de continuar os estudos.[45]

A não criação do Conselho Nacional de Educação – CNE e a obrigatoriedade de oito séries do Ensino Fundamental obrigatório, em especial seus desdobramentos nos ciclos I e II, são críticas apontadas na época[46].

Cabe lembrar que o cenário que contextualizava a elaboração da Constituição de 1988 e da LDB, em 1996, era o da redemocratização brasileira e da educação pós-ditadura, com resquícios de certo controle e censura na educação, como a disciplina de Educação Moral e Cívica, antes presente nas escolas brasileiras. Com o compromisso de renovar a educação brasileira, a proposta de 1996 tentou mapear desafios, dentre eles o da alfabetização, o dos investimentos e o das estruturas do sistema educacional.

Nesse sentido, destaco aqui alguns avanços e possibilidades a partir da LDB de 1996 para cá[47], considerando que

45 Ver A.Z. Kuenzer; M.D. de S. Gonçalves, Porque Não Queremos uma LDB na Contramão da História, *Educar em Revista*, n. 11.
46 Ver Lei n. 9.394 de 20 de dezembro de 1996, conhecida como Lei de Diretrizes e Bases da Educação Nacional.
47 Consulte a lei atualizada no site do Governo Federal.

algumas de suas alterações mais significativas se deram a partir de 2013, fruto da luta de diversos segmentos da sociedade e de movimentos sociais ligados à educação, à luta antirracista, aos direitos das pessoas com deficiência, aos direitos da infância, dentre outros:

1. Princípios da educação básica (a partir de 2013): diversidade étnico-racial considerada enquanto princípio, garantia do direito à educação e à aprendizagem ao longo da vida, respeito à diversidade humana, linguística, cultural e identitária das pessoas surdas, surdo-cegas e com deficiência auditiva.

2. O dever do Estado em oferecer educação básica obrigatória e gratuita dos 4 (quatro) aos 17 (dezessete) anos de idade, e dividida em pré-escola, ensino fundamental (com ciclos I e II) e ensino médio.

3. Reconhecimento das instituições de educação comunitárias, nos diferentes níveis, como categoria administrativa, junto com as instituições públicas e privadas (incluídas em 2019).

4. Definição da organização da educação, enquanto educação escolar básica (nas etapas educação infantil, fundamental e médio e modalidades de educação escolar indígena, educação especial, educação da população rural, educação escolar quilombola, educação de jovens e adultos – EJA e educação profissional) e superior.

Entre críticas e flexibilizações presentes na LDB – que completa trinta anos em 2026 –, é preciso considerar sua inserção em um contexto de avanço do neoliberalismo que, desde o golpe do *impeachment*, em 2016, é recordista em incentivos à educação privada e cortes orçamentários na educação pública[48], expressos nas reformas e concepções de

48 Matéria de 2022 aponta o governo Bolsonaro como recordista de cortes na educação e ciência. Ver Agência Estado, Governo atual é o que mais cortou em recursos de Educação e Ciência, *R7*, 9 dez. 2022..

educação de hoje. Alguns dos maiores exemplos dessa política neoliberal na educação são a Base Nacional Comum Curricular[49], os projetos de militarização de escolas públicas[50] e o Novo Ensino Médio – NEM, que supostamente daria maior autonomia aos estudantes, a partir da escolha de áreas do conhecimento, mas que, na prática, condena estudantes a uma educação esvaziada e sem possibilidades reais de escolha.

Enquanto empresários se unem com o Estado em propostas de legislação e currículos para a educação, diversos movimentos sociais lutam contra esse sistema de educação privatizada: movimentos estudantis universitários e secundaristas, em conjunto com movimentos de familiares, educadores, movimento negro e diversos outros, denunciam o caráter do NEM como autoritário e excludente, uma vez que não foi discutido com quem está diariamente na escola, e busca apenas reorganizar as disciplinas em áreas do conhecimento de forma instrumentalizada, ou seja, com o objetivo de formar empreendedores e profissionais técnicos e não formar *para* e *com* a vida, exigindo sua revogação imediata[51]. Além disso, as propostas de aumento de carga horária com foco na educação técnica profissionalizante e a flexibilização para o Ensino à Distância - EaD, sem investimentos em permanência estudantil, muito menos planejamento e escuta de estudantes, desconsidera a existência das diversas catracas simbólicas no acesso à educação já mencionadas aqui.

---

49 A Base Nacional Comum Curricular - BNCC foi regulamentada no art. 26 da LDB, para o ensino fundamental e médio, que foi entregue pelo Ministério da Educação em 2017, com o apoio de diversas empresas, fundações e instituições privadas.

50 Confira a linha do tempo feita pelo portal *Nexo* em: Fernando Romani Sales; Bianca de Figueiredo Melo Villas Bôas, Militarização ▶ ▷ do Ensino Público Brasileiro, *Nexo Jornal*, 26 set. 2023.

51 Para ver com mais detalhes os argumentos contra o NEM, ver: Chavoso da USP, Porque Revogar O "Novo" Ensino Médio, *YouTube*, maio 2023.

Sonhando Outros Mundos e Outras Educações:
Nas Ruas, Salas de Aula e Outros Espaços Educativos

Compreendemos juntos alguns caminhos que Darcy traçou, dentre eles, três pontos importantes em sua trajetória: LDB, UNB e CIEP.

Os sonhos de um Darcy-educador vieram ao mundo em diferentes contextos, com contradições, tensões e feituras que marcaram a trajetória educacional brasileira de modo geral. Por fim, dentre essas costuras, gostaria de traçar algumas linhas de luta, lembrando sempre que são os movimentos sociais, grupos, coletivos, estudantes, educadores e educadoras, dentro e fora das salas de aula, que criam diariamente outras formas de conhecimento e possibilidades de vida ao produzir tensionamentos e conflitos necessários, ao levantar questionamentos e ações diretas contra injustiças, desigualdades e exclusões. Fazem isso com afetividade, liberdade, coletividade e responsabilidade diante das lutas. Nas palavras da escritora e professora bell hooks, chamamos isso de transgressão:

A sala de aula, com todas as suas limitações, continua sendo um ambiente de possibilidades. Nesse campo de possibilidades, temos a oportunidade de trabalhar pela liberdade, de exigir de nós e dos nossos camaradas uma abertura da mente e do coração e que nos permita encarar a realidade ao mesmo tempo que, coletivamente, imaginamos esquemas para cruzar fronteiras, para transgredir. Isso é a educação como prática de liberdade.[52]

52 bell hooks, *Ensinando a Transgredir*, p. 273.

REFERÊNCIAS

Obras de Darcy Ribeiro Citadas Nesta Edição

RIBEIRO, Darcy. *Os Índios e a Civilização: A Integração das Populações Indígenas no Brasil Moderno*. São Paulo: Global, 2023.

_____. *As Américas e a Civilização: Processo de Formação e Causas do Desenvolvimento Desigual dos Povos Americanos*. São Paulo: Global, 2021.

_____. *Educação Como Prioridade*. São Paulo: Global, 2018.

_____. *O Brasil Como Problema*. São Paulo: Global, 2016. (1. ed.: Rio de Janeiro: Francisco Alves, 1995.)

_____. *O Povo Brasileiro: Formação e Sentido do Brasil*. São Paulo: Global, 2015. (1. ed. : São Paulo: Companhia das Letras, 1995.)

_____. Uirá Vai ao Encontro de Maíra. *Uirá Sai à Procura de Deus: Ensaios de Etnologia e Indigenismo*. São Paulo: Global, 2015.

_____. *Maíra*. São Paulo: Global, 2015.

_____. *Tempos de Turbilhão: Relatos do Golpe de 1964*. São Paulo: Global, 2014.

_____. *Utopia Selvagem*. São Paulo: Global, 2014.

_____. Tipologia Política Latino-Americana. *América Latina: A Pátria Grande*. São Paulo: Global, 2013.

_____. A Nação Latino-Americana. *América Latina: A Pátria Grande*. São Paulo: Global, 2013.

_____. *A América Latina Existe?* Rio de Janeiro/Brasília: Fundação Darcy Ribeiro/Editora UnB, 2010. (Col. Darcy no Bolso.)

_____. *O Processo Civilizatório: Etapas da Revolução Sociocultural.* São Paulo: Companhia das Letras, 1998.

_____. *Confissões.* São Paulo: Companhias das Letras, 1997.

_____. *Mestiço É Que É Bom.* São Paulo: Revan, 1997.

_____. *Diários Índios.* São Paulo: Companhia das Letras, 1996.

_____. *O Livro dos CIEPS.* Rio de Janeiro: Bloch, 1986. Disponível em: <https://www.pdt.org.br.pdf>. Acesso em: mar. 2024.

_____. Sobre o Óbvio. *Ensaios Insólitos.* São Paulo: L&PM, 1979.

_____. *Os Brasileiros: 1. Teoria do Brasil.* Petrópolis: Vozes. 1978.

_____. Discurso Após Receber o Título de Doutor Honoris Causa da Sorbonne. Paris, 1978. *Redh-Brasil,* jul. 2022. Disponível em: <https://www.brasiledh.com>. Acesso em: mar. 2024.

_____. *A Universidade Necessária.* 3. ed. Rio de Janeiro: Paz e Terra, 1978.

_____ [1971]. *O Dilema da América Latina: Estruturas de Poder e Forças Insurgentes.* Petrópolis: Vozes, 1978.

_____. *A Universidade Necessária.* São Paulo: Paz e Terra, 1969.

_____. De Fracasso em Fracasso. *Testemunho.* Rio de Janeiro: Fundação Darcy Ribeiro, [s.d.].

RIBEIRO, Darcy; RIBEIRO, Berta. *Arte Plumária dos Índios Kaapor.* Rio de Janeiro: [s.n.], 1957.

1. O Brasil e os Brasis de Darcy Ribeiro: Modos de Herdar o Seu Pensamento

BOMENY, Helena. *Darcy Ribeiro: Sociologia de um Indisciplinado.* Belo Horizonte: Editora UFMG, 2001.

CLASTRES, Pierre. *A Sociedade Contra o Estado: Pesquisas de Antropologia Política.* Trad. Theo Santiago. Rio de Janeiro: Francisco Alves, 1978.

KOZEL, Andrés; SILVA, Fabrício Pereira da. Estudo Preliminar. *Os Futuros de Darcy Ribeiro.* São Paulo: Elefante, 2022.

LATOUR, Bruno. *Diante de Gaia: Oito Conferências Sobre a Natureza no Antropoceno.* São Paulo: UBU, 2020.

VASCONCELLOS, Gilberto Felisberto. *Darcy Ribeiro: A Razão Iracunda.* Florianópolis: Editora da UFSC, 2015.

2. Um Depoimento Sobre Darcy Ribeiro

WISNIK, José Miguel. *Utopia Brasileira: Darcy Ribeiro 100 anos.* São Paulo: Sesc-SP/Fundação Darcy Ribeiro, 2023. Catálogo de Exposição.

FERRAZ, Isa Grinspum (roteiro e direção). *Darcy: Formador de Gente.* Brasil: Rede Sarah de Hospitais/BSB, 1996. Documentário. Vídeo, cor, v.o. em português. 26 min.

3. Onze Anotações Sobre Darcy Ribeiro e Nossas Comarcas

BOMFIM, Manuel. *A América Latina: Males de Origem.* São Paulo: Scielo/ Centro Edelstein.

FREYRE, Gilberto. *Casa-Grande & Senzala.* São Paulo: Global, 2006.

DICIONÁRIO Houaiss da Língua Portuguesa. São Paulo: Objetiva, 2009.

4. O Brasil Como Projeto: Darcy Ribeiro e o Nacional-Desenvolvimentismo

ARAÚJO, Victor Leonardo de; MATTOS, Fernando Augusto Mansor de (orgs.). *A Economia Brasileira de Getúlio a Dilma: Novas Interpretações.* São Paulo: Hucitec, 2021.

BIELSCHOWSKY, Ricardo. *Cinquenta Anos de Pensamento na Cepal.* Rio de Janeiro: Record. 2000.

CARNEIRO, R. Velhos e Novos Desenvolvimentismos. *Economia e Sociedade,* Campinas, v. 21, n. especial, 2012.

CREDIT SUISSE Research Institute/UBS. *Global Wealth Report 2023: Leading Perspectives to Navigate the Future.* Disponível em: < https:// www.ubs.com/global/en/family-office-uhnw/reports/global-wealth-report-2023.html >. Acesso em: 13 maio 2024.

FURTADO, Celso. *Desenvolvimento e Subdesenvolvimento.* Rio de Janeiro: Fundo de Cultura, 1961.

IBGE. Dados Históricos dos Censos Demográficos. Disponível em: <https://www.memoria.ibge.gov.br>. Acesso em: 15 nov. 2023.

INSTITUTO DE PESQUISA ECONÔMICA APLICADA – IPEA. Dados Econômicos, Financeiros e Demográficos. Disponível em: <http:// www.ipeadata.gov.br>. Acesso em: 5 de jul. 2022.

JESUS, Carolina Maria de. *Quarto de Despejo.* São Paulo: Ática, 2019.

LIMA, T.D.; CASTRO, F.S. M.; JACOB, Ivan; CARIA JUNIOR, S.; SOARES, L.R.; FARIAS NUNES, S. H. Do Estruturalismo ao Neodesenvolvimentismo: Avanço e Retrocesso. *Cadernos de Economia,* Chapecó, v. 22, 2018.

MALUF, R.S.J. (org.). *Insegurança Alimentar e Covid-19 no Brasil.* [S.l.]: Rede Brasileira de Pesquisa em Soberania e Segurança Alimentar e Nutricional, 2021.

MELO, Hildete Pereira de; BASTOS, Carlos Pinkusfeld; ARAÚJO, Victor Leonardo de. A Política Macroeconômica e o Reformismo Social: Impasses de um Governo Sitiado. In: MATTOS, Fernando Augusto Mansor de; ARAÚJO, Victor Leonardo de (orgs.). *A Economia Brasileira de Getúlio a Dilma: Novas Interpretações.* São Paulo: Hucitec, 2021.

SANTOS, Lincoln de Araújo. As Cartas do Desterro: Conversas Entre Darcy Ribeiro e Celso Furtado Sobre a América Latina, Universidade e o Projeto Brasileiro Interrompido (1969-1970), *Terceiro Milênio: Crítica de Sociologia e Política,* Rio de Janeiro, v. 3, n. 5, 2014.

SOARES, Layza da Rocha. A Lógica do Capital Fictício e a Crise Ecológica. XXVIII Encontro Nacional de Economia Política, Alagoas, 2023. *Anais do XXVIII Encontro Nacional de Economia Política – Ameaças à Democracia Brasileira no Século 21: Capital e Desigualdades.* Maceió: SEP, 2023.

_____. Intensificación de La Presión Ambiental en Brasil en el Período de Recesión Económica. In: ALONSO, Aleida Azamar; MACHER, Jose Carlos Silva; ZUBERMAN, Federico (Coords.). *Economía Ecológica Latinoamericana.* Buenos Aires: Clacso, 2021.

_____. O Neoliberalismo e Sua Impossibilidade de Solucionar os Problemas Ambientais, *Fim do Mundo*, Marília, v. 1, 2020.

6. Darcy Ribeiro e Krenak: Diálogos Possíveis e Diferenças no Tempo Presente?

KOPENAWA, Davi. *A Queda do Céu.* São Paulo: Companhia das Letras, 2015.

7. O Mestiço Que É Bom? Culturalismo Estrutural em Darcy Ribeiro

ALMADA, Sandra. *Abdias Nascimento.* São Paulo: Selo Negro, 2009.

ASSIS, Tatiana. O Levante Indígena: Indígenas Protagonizam um Momento Inédito na Cultura Brasileira, *Piauí*, Rio de Janeiro, n. 199, abr. 2023.

BAPTISTA, Rodrigo. Abdias Nascimento e Darcy Ribeiro Dividiram Lutas Desde os Anos 1950. *Senado Federal*, set. 2022. Disponível em: <https://www12.senado.leg.br/noticias/infomaterias/2022/08/abdias-nascimento-e-darcy-ribeiro-dividiram-lutas-desde-os-anos-1950>. Acesso em: ago. 2023.

BIBLIOTECA AYACUCHO. Disponível em: <https://bibliotecayacucho.gob.ve/>. Acesso em: 26 ago. 2024;

CÉSAIRE, Aimé. Lettre à Maurice Thorez, secrétaire général du parti communiste français. *Écrits Politiques: 1935-1956.* Paris: Jean-Michel Place, 2016. Tome 2.

COSTA, Luís; POMPERMAIER, Paulo Henrique. Refazer a Utopia. *Cult*, São Paulo, n. 300, nov. 2023.

FERNANDES, Florestan Fernandes. *A Função Social da Guerra na Sociedade Tupinambá.* São Paulo: Contracorrente, 2022.

FLORESTAN, Fernandes. *Reflexões Sobre a Construção de um Instrumento Político.* São Paulo: Expressão Popular, 2019.

GOMES, Nilma Lino. *O Movimento Negro Educador: Saberes Construídos nas Lutas Por Emancipação.* Petrópolis: Vozes, 2017.

GONZÁLEZ, Lélia. Entrevista ao Pasquim, em 1986. In: RIOS, Flávia; LIMA, Márcia (orgs.). *Por um Feminismo Afro-Latino Americano.* São Paulo: Zahar, 2020.

GONZÁLEZ, Lélia; HASENBALG, Carlos. *Lugar de Negro.* Rio de Janeiro: Marco Zero, 1982.

HANCHARD, Michael George. *Orfeu e o Poder: Movimento Negro no Rio e São Paulo*. Rio de Janeiro: Eduerj, 1994. (2. ed. São Paulo: Perspectiva, 2024.)

HASENBALG, Carlos. *Discriminação e Desigualdades Raciais no Brasil*. Rio de Janeiro: Graal, 1979.

HASENBALG, Carlos; SILVA, Nelson do Valle. *Relações Raciais no Brasil Contemporâneo*. Rio de Janeiro: Rio Fundo, 1992.

IBGE. *Censo 2022*. Disponível em: < https://www.ibge.gov.br/ >. Acesso em ago. 2024.

JAMES, Cyril Lionel Robert. *Uma História da Revolta Pan-Africana*. São Paulo: Veneta, 2023.

LÉVY-STRAUSS, Claude. *As Estruturas Elementares do Parentesco*. São Paulo: Vozes, 2023.

MOURA, Clóvis. *Brasil: Raízes do Protesto Negro*. São Paulo: Dandara, 2023.

MUNANGA, Kabengele. *Rediscutindo a Mestiçagem no Brasil: Identidade Nacional Versus Identidade Negra*. Belo Horizonte: Autêntica, 2008.

MURARO, Rose Marie. Entrevista. In: RATTS, Alex; RIOS, Flávia. *Lélia González*. São Paulo: Selo Negro, 2010.

NASCIMENTO. Abdias [1968]. *O Negro Revoltado*. Rio de Janeiro: Nova Fronteira, 1982.

NERIS, Natália. *A Voz e a Palavra do Movimento Negro na Constituinte de 1988*. São Paulo: Letramento, 2018.

OLIVEIRA, Dennis de. *Racismo Estrutural: Uma Perspectiva Histórico--Crítica*. São Paulo: Dandara, 2021.

RATTS, Alex; RIOS, Flávia. *Lélia González*. São Paulo: Selo Negro, 2010.

SANTANA, Bianca. *Continuo Preta: A Vida de Sueli Carneiro*. São Paulo: Zahar, 2021.

SILVA, Júlio Menezes. 70 Anos do Primeiro Congresso do Negro Brasileiro. *Ipeafro*, ago. 2020. Disponível em: <https://www.ipeafro.org.br>. Acesso em: ago. 2023.

THEODORO, Mário. *A Sociedade Desigual: Racismo e Branquitude na Formação Social Brasileira*. São Paulo: Zahar, 2022.

WISNIK, José Miguel. O Intérprete Transbordante. *Utopia Brasileira: Darcy Ribeiro 100 Anos*. São Paulo: Sesc/Fundação Darcy Ribeiro, 2023.

8. Darcy-Educador e a Educação Para a Liberdade: Um Diálogo Crítico

AGÊNCIA ESTADO. Governo Atual É o Que Mais Cortou em Recursos de Educação e Ciência. R7, 9 dez. 2022. Disponível em: <https://noticias.r7.com>. Acesso em: mar. 2024.

AZEVEDO, Fernando et al. *Manifestos dos Pioneiros da Educação Nova (1932) e dos Educadores (1959)*. Brasília/Recife: MEC/Fundação Joaquim Nabuco, 2010. Disponível em: <https://www.inep.gov.br>; e em: <http://www.dominiopublico.gov.br>. Acesso em: mar. 2024.

BOLLMANN, Maria Graça Nóbrega; AGUIAR, Letícia Carneiro. LDB – Projetos em Disputa: Da Tramitação à Aprovação em 1996. *Retratos da Escola*, v. 10, n. 19, 2016. Disponível em: <https://retratosdaescola. emnuvens.com.br/rde/article/view/703>. Acesso em ago. 2024.

BRIZOLA e Darcy Ribeiro - CIEP Favela da Maré. *YouTube*, 2015. Disponível em: <https://www.youtube.com>. Acesso em: ago. 2024.

CHARLEAUX, João Paulo. Há 10 anos, "Pinguins" Marchavam no Chile. Entenda Como Isso Mudou a Educação. *Nexo*, 7 jun. 2016. Disponível em: < https://www.nexojornal.com.br/>. Acesso em: ago. 2024.

GOVERNO FEDERAL. *Lei n. 12.711, de 29 de Agosto de 2012.* Dispõe Sobre o Ingresso nas Universidades Federais e nas Instituições Federais de Ensino Técnico de Nível Médio e Dá Outras Providências. Brasília: Diário Oficial da União, 2012. Disponível em: <https:// www.planalto.gov.br>. Acesso em: mar. 2024.

____. *Lei n. 9.394, de 20 de Dezembro de 1996.* Estabelece as Diretrizes e Bases da Educação Nacional. Brasília: Diário Oficial da União, 1996. Disponível em: <https://www.planalto.gov.br>. Acesso em: mar. 2024.

____. *Constituição 34.* Constituição dos Estados Unidos do Brasil, de 16 de julho de 1934. Disponível em: <https://www.planalto.gov.br/ ccivil_03/constituicao/constituicao34.htm>. Acesso em: mar. 2024.

____. Decreto n. 7.031-A, de 6 de setembro de 1878. Crêa Cursos Nocturnos Para Adultos nas Escolas Publicas de Instrucção Primaria do 1º Gráo do Sexo Masculino do Municipio da Côrte. *Coleção de Leis do Império do Brasil – 1878*, Brasília, v. 1. Disponível em: <https://www2.camara.leg.br>. Acesso em: mar. 2024.

____. Decreto n. 1.331-A, de 17 de fevereiro de 1854. Aprova o Regulamento Para a Reforma do Ensino Primario e Secundario do Municipio da Côrte. *Coleção de Leis do Império do Brasil – 1854*, Brasília, v. 1. Disponível em: <https://www.camara.leg.br>. Acesso em: mar. 2024.

FREIRE, Paulo. *Pedagogia da Autonomia: Saberes Necessários à Prática Educativa.* Rio de Janeiro: Paz e Terra, 2015.

HOOKS, bell. *Ensinando a Transgredir: A Educação Como Prática de Liberdade.* Trad. Marcelo Brandão Cipolla. 2. ed. São Paulo: WMF Martins Fontes, 2017.

GELEDÉS. *A Educação de Meninas Negras em Tempos de Pandemia: O Aprofundamento das Desigualdades.* Disponível em: <https://www. geledes.org.br/wp-content/uploads/2021/04/A-educacao-de-meninas-negras-em-tempo-de-pandemia.pdf >. Acesso em ago. 2024.

ITAÚ CULTURAL. Disponível em: <https://www.itaucultural.org.br>. Acesso em ago. 2024.

KILOMBA, Grada. *Memórias da Plantação: Episódios de Racismo Cotidiano.* Rio de Janeiro: Cobogó, 2019.

KUENZER, Acácia Zeneida; GONÇALVES, Maria Dativa de Salles. Porque Não Queremos uma LDB na Contramão da História: Uma Análise do Substitutivo Darcy Ribeiro. *Educar em Revista*, Curitiba, n. 11, 1995. Disponível em: <https://www.scielo.br>. Acesso em: mar. 2024.

LOBO, Yolanda Lima. Duas Décadas da LDB Darcy Ribeiro. *Terceiro Milênio*, v. 4, n. 1, 2015. Disponível em: <https://www.revistaterceiromilenio.uenf.br>. Acesso em: ago. 2024.

MIGNOT, Ana Chrystina Venancio. Escolas na Vitrine: Centros Integrados de Educação Pública (1983-1987). *Estudos Avançados*, São Paulo, v. 15, n. 42, 2001. Disponível em: <https://www.scielo.br>. Acesso em: mar. 2024.

MOREIRA, Luiza Silva; GÓIS JUNIOR, Edivaldo; SOARES, Antônio Jorge Gonçalves. A Educação do Corpo no Programa dos Centros Integrados de Educação Pública – CIEPS: Um Projeto Educacional Escrito Pela Modernidade. *Pro-Posições*, Campinas, v. 30, 2019. Disponível em: <https://www.periodicos.sbu.unicamp.br>. Acesso em: mar. 2024.

MV Bill. Mv Bill no Altas Horas/Cotas Raciais (2008). *YouTube*, 10 nov. 2016. Disponível em: <https://www.youtube.com>. Acesso em: mar. 2023.

PAJOLLA, Murilo. Extermínio Indígena e Demarcações Paralisadas: Entenda as Consequências do "Marco Temporal". Brasil de Fato, set. 2021, disponível em: <https://www.brasildefato.com.br>. Acesso em ago. 2024.

PATTO, Maria Helena Souza. *A Produção do Fracasso Escolar: Histórias de Submissão e Rebeldia*. São Paulo: Instituto de Psicologia da Universidade de São Paulo, 2022. Disponível em: <https://www.livrosabertos.abcd.usp.br>. Acesso em: mar. 2024.

PINTO, Filipe Barreiros Barbosa Alves. Darcy Ribeiro e os Estudos Pós--Coloniais: Aproximações e Afastamentos. *Em Tese*, Florianópolis, v. 15, n. 1 (parte II), mar./abr., 2018. Disponível em: <https://doi.org/10.5007/1806-5023.2018v15n1p152>. Acesso em: ago. 2024.

ROMANI SALES, Fernando; MELO VILLAS BÔAS, Bianca de Figueiredo. Militarização do Ensino Público Brasileiro: Linha do Tempo. *Nexo Jornal*, 26 set. 2023. Disponível em: <https://pp.nexojornal.com.br/linha-do-tempo/2023/09/26/militarizacao-do-ensino-publico-brasileiro>. Acesso em mar. 2024.

SESC-SP. *Projeto Diversos* 22. Disponível em: <https://diversos22.sescsp.org.br>. Acesso em: ago. 2024.

SANTANA, Geo. Educação e Liberdade. Youtube. Disponível em: < >. Acesso em ago. 2024.

TV CÂMARA. Raça Humana: Bastidores das Cotas Raciais na UnB. TV Câmara, YouTube, 2010. Disponível em: <https://www.camara.leg.br>. Acesso em:acesso ago. 2024.

SALLAS, Ana Luísa; GROPPO, Luís Antônio. Ocupações Secundaristas no Brasil em 2015 e 2016: Sujeitos e Trajetórias, *Revista Brasileira de Educação*, v. 27, 2022. Disponível em: < https://www.scielo.br/>. Acesso em: ago. 2024.

SCHUCMAN, Lia Vainer. Por Que Queremos Olhos Azuis? Tedx Talks, YouTube, 4 jan. 2017. Disponível em: <https://www.youtube.com/>. Acesso em ago. 2024.

UNIVERSIDADE DE BRASÍLIA. *Plano Orientador da Universidade de Brasília*. Brasília: Editora Universidade de Brasília, 1962. Disponível em: <https://www.unb.br>. Acesso em: mar. 2024.

_____. Série UnB 60 Anos. Unbtv, *YouTube*, abr. 2022. Disponível em: < https://www.youtube.com >. Acesso em ago. 2024.

VELOSO, Serena. Aprovação das Cotas Raciais na UnB Completa 15 anos. *Portal UNB Notícias*, Brasília, 06 jun. 2018. Disponível em: <https://www.noticias.unb.br>. Acesso em: mar. 2024.

VVAA. Darcy, n. 28. (Utopia Que Vive.) Disponível em: <https://www.revistadarcy.unb.br>. Acesso em: ago. 2024.

DARCY RIBEIRO, BIOGRAFIA SUCINTA

Darcy Ribeiro nasceu em Montes Claros, Minas Gerais, em 26 de outubro de 1922. Era filho de Reginaldo Ribeiro dos Santos, um farmacêutico – que faleceu quando Darcy tinha três anos –, e de Josefina Augusta da Silveira, professora, conhecida como dona Fininha. Passou a infância e a adolescência em Montes Claros, onde se formou no Ginásio Episcopal.

Em 1939, mudou-se para Belo Horizonte, para cursar Medicina. Três anos depois, abandonou o curso e a cidade, mudou-se para São Paulo e ingressou no curso de Ciências Sociais da Escola de Sociologia e Política de São Paulo, formando-se em 1946.

No ano seguinte, começou a trabalhar no Serviço de Proteção aos Índios (spi), passando a atuar junto com o marechal Cândido Rondon com os indígenas do Centro-Oeste e da Amazônia. Em 1948, casou-se com a etnóloga Berta Gleizer (natural de Beltz, Romênia, 1924).

Em 1950, seu livro *Religião e Mitologia Kadiwéu* recebeu o prêmio Fábio Prado, da União de Literatura de São Paulo. Em 1953, Darcy fundou o Museu do Índio, no Rio de Janeiro, reconhecido pela Unesco como o primeiro do mundo criado com o objetivo de combater o preconceito e difundir a riqueza da cultura indígena. Foi nomeado por Anísio Teixeira para a direção do Centro Brasileiro de Pesquisas Educacionais,

Em 1959, o presidente Juscelino Kubischek encarregou Darcy de planejar a Universidade de Brasília. Inaugurada em 1962, teve Darcy como seu primeiro reitor.

Entre 1962 e 1963, exerceu o cargo de ministro da Educação do Gabinete parlamentarista presidido por Hermes Lima na gestão do presidente João Goulart, de quem seria em seguida o chefe de gabinete. Com o Golpe Militar de 1º de abril, exilou-se no Uruguai, onde atuou como professor da Universidad de la Republica.

Em 1968, o STF o absolveu das condenações militares, mas ao regressar ao país foi preso e indiciado com base na Lei de Segurança Nacional logo após o AI-5. Novamente absolvido, desta feita pela Auditoria da Marinha do Rio de Janeiro, foi forçado a deixar o país em 1969. Assessorou o presidente chileno Salvador Allende e lecionou na Universidad de Chile em 1971. Em 1972, mudou-se para o Peru para assessorar o presidente Juan Velasco Alvarado na organização do Centro de Participação Social, projeto patrocinado pela ONU. Em 1974, retornou ao Brasil por alguns meses para tratar um câncer. Em 1976, retornou em definitivo do exílio e se estabeleceu no Rio de Janeiro.

A partir de 1979, lecionou na UFRJ e tomou parte da primeira Comissão Diretora Nacional do recém-criado PDT (Partido Democrático Trabalhista), por meio do qual foi eleito vice-governador do Rio de Janeiro na chapa encabeçada por Leonel Brizola. Nesse governo, coordenou o Projeto Especial de Educação, responsável pela implantação dos Cieps. Derrotado por Moreira Franco na eleição para o governo do Rio de Janeiro em 1986, exerceu em

1987 o cargo de secretário extraordinário de Desenvolvimento Social de Minas Gerais, no governo de Newton
Cardoso. Em 1990, elegeu-se senador pelo Rio de Janeiro
e, em 1991, licenciou-se para assumir uma secretaria no
governo do RJ, novamente sob Brizola. Ali criou a Universidade Estadual do Norte Fluminense, em Campos
dos Goitacazes (1994).

Foi eleito em 8 de outubro de 1992 para a cadeira nº
11 da Academia Brasileira de Letras.

De volta ao Senado, relatou o projeto de lei das Diretrizes e Bases da Educação ao longo do ano de 1995. No ano
seguinte, envolveu-se com o projeto da Universidade Aberta
do Brasil e com a organização da Fundação Darcy Ribeiro.

Faleceu em Brasília, em 17 de fevereiro de 1997, e foi
sepultado no Mausoléu da ABL no cemitério São João Batista,
no Rio de Janeiro. Em 17 de novembro do mesmo ano,
faleceu Berta Gleizer Ribeiro, no Rio de Janeiro.

SOBRE OS AUTORES

AILTON KRENAK

Ativista indígena da etnia crenaque, fundou a União das Nações Indígenas e o Movimento Aliança dos Povos da Floresta. Dirige o Núcleo de Cultura Indígena. É professor doutor *honoris causa* pela UFJF onde leciona, além de jornalista, escritor e pesquisador. Eleito para a cadeira 24 da Academia Brasileira de Letras.

ALEXANDRE DE FREITAS BARBOSA

Professor de História Econômica e Economia Brasileira do IEB, coordenador do núcleo temático Repensando o Desenvolvimento, do LabIEB, e bolsista de produtividade do CNPq, nível 2. Publicou recentemente *O Brasil Desenvolvimentista e a Trajetória de Rômulo Almeida: Projeto, Interpretação e Utopia*, pela editora Alameda.

DULCI LIMA

Pesquisadora em Ciências Sociais e Humanas no Centro de Pesquisa e Formação do Sesc-SP. Doutora em Ciências

Humanas e Sociais pela Universidade Federal do ABC. Mestra em Educação, Arte e História da Cultura pela Universidade Presbiteriana Mackenzie. Bacharel em História - FFLCH- USP.

ERIC NEPOMUCENO

Escritor, entre 1965 e 1986 trabalhou como jornalista. Nesse período, foi correspondente estrangeiro, de fevereiro de 1973 a setembro de 1983, na Argentina (1973-1976, para o *Jornal da Tarde*, de São Paulo), Espanha (1976-1979, para a *Veja*) e México e América Central (1979-1983, também para a *Veja*). Trabalhou com Darcy Ribeiro na criação do Memorial da América Latina, em São Paulo

GEO SANTANA

Professora da rede pública de ensino fundamental, mestranda da área de desigualdades e diferenças na educação e educadora popular, atua com temáticas relacionadas às infâncias, movimentos sociais e memórias populares, disputas de poder nas cidades e arte-educação.

ISA GRISPUM FERRAZ

Doutora pela FAU-USP e bacharel em Ciências Sociais pela FFLCH-USP, é roteirista, documentarista e curadora de exposições e museus multimídia, entre os quais o Museu da Língua Portuguesa, em São Paulo, e o Cais do Sertão, em Recife. Dirigiu as séries de documentários *O Povo Brasileiro*, *Intérpretes do Brasil*, *O Valor do Amanhã* e *A Cidade no Brasil*, bem como *Lina Bo Bardi* e o longa *Marighella*. Publicou os livros *Darcy Ribeiro: Utopia Brasil* (2008) e *Luz da Língua* (2020). Foi colaboradora tanto de Lina Bo Bardi como de Darcy Ribeiro.

JONES MANOEL

Historiador, professor de história, mestre e doutorando em Serviço Social, comunicador e educador popular e militante comunista.

LAYZA DA ROCHA SOARES

Economista, doutora em Economia pela Universidade Federal Fluminense (UFF). Mestre em economia pela Universidade Estadual Paulista "Júlio de Mesquita Filho". Faz parte da diretoria executiva da Sociedade Brasileira de Economia Ecológica e é pesquisadora do Centro de Tecnologia Mineral (CETEM/MCTI).

MÁRCIO FARIAS

Doutor em Psicologia Social, professor do Departamento de Psicologia Social da PUC-SP. Coordenador de Pesquisa do AMMA Psique e Negritude, é ainda coordenador da coleção Clovis Moura e o Brasil pela Dandara Editora e autor do livro *Clóvis Moura e o Brasil*.

RONALDO VITOR DA SILVA

É docente, pesquisador, editor e crítico literário. Bacharel em Letras (FFLCH-USP), mestre em Culturas e Identidades Brasileiras (IEB-USP) e doutorando em Teoria e História Literária pela Unicamp. É coordenador do Nepafro (Núcleo de Estudos e Pesquisas da Afro-América), autor de materiais didáticos e do posfácio de *Da Próxima Vez o Fogo*, de James Baldwin (Cia. das Letras).

STELIO MARRAS

Professor de antropologia do Instituto de Estudos Brasileiros da USP, onde orienta pesquisas, bem como junto ao Programa de Pós-Graduação em Antropologia Social (FFLCH/USP). Autor de livros, ensaios e artigos, é também pesquisador associado do Projeto Temático Fapesp, Processo 2020/07886-8, no qual coordena eixo de pesquisa.

Este livro foi impresso na cidade de Barueri,
nas oficinas da Printi Gráfica, em outubro de 2024,
para a Editora Perspectiva